Christoph Adrian

Dromologie im Jetzt

Implikationen von Beschleunigung
in der Medientheorie Paul Virilios

Bachelor + Master
Publishing

Adrian, Christoph: Dromologie im Jetzt: Implikationen von Beschleunigung in der Medientheorie Paul Virilios, Hamburg, Bachelor + Master Publishing 2013

Originaltitel der Abschlussarbeit: Dromologie im Jetzt: Implikationen von Beschleunigung in der Medientheorie Paul Virilios

Buch-ISBN: 978-3-95549-475-9
PDF-eBook-ISBN: 978-3-95549-975-4
Druck/Herstellung: Bachelor + Master Publishing, Hamburg, 2013
Covermotiv: © Kobes · Fotolia.com
Zugl. Humboldt-Universität zu Berlin, Berlin, Deutschland, Bachelorarbeit, April 2013

Bibliografische Information der Deutschen Nationalbibliothek:
Die Deutsche Nationalbibliothek verzeichnet diese Publikation in der Deutschen Nationalbibliografie; detaillierte bibliografische Daten sind im Internet über http://dnb.d-nb.de abrufbar.

Das Werk einschließlich aller seiner Teile ist urheberrechtlich geschützt. Jede Verwertung außerhalb der Grenzen des Urheberrechtsgesetzes ist ohne Zustimmung des Verlages unzulässig und strafbar. Dies gilt insbesondere für Vervielfältigungen, Übersetzungen, Mikroverfilmungen und die Einspeicherung und Bearbeitung in elektronischen Systemen.

Die Wiedergabe von Gebrauchsnamen, Handelsnamen, Warenbezeichnungen usw. in diesem Werk berechtigt auch ohne besondere Kennzeichnung nicht zu der Annahme, dass solche Namen im Sinne der Warenzeichen- und Markenschutz-Gesetzgebung als frei zu betrachten wären und daher von jedermann benutzt werden dürften.

Die Informationen in diesem Werk wurden mit Sorgfalt erarbeitet. Dennoch können Fehler nicht vollständig ausgeschlossen werden und die Diplomica Verlag GmbH, die Autoren oder Übersetzer übernehmen keine juristische Verantwortung oder irgendeine Haftung für evtl. verbliebene fehlerhafte Angaben und deren Folgen.

Alle Rechte vorbehalten

© Bachelor + Master Publishing, Imprint der Diplomica Verlag GmbH
Hermannstal 119k, 22119 Hamburg
http://www.diplomica-verlag.de, Hamburg 2013
Printed in Germany

Inhalt

I. Arbeitsfeld und Thema — 3

II. Dromologie: Begriff, Kernpunkte, Anwendung

    II.i   Dromologie: Dromokratie — 7

    II.ii   Unterwegs — 9

    II.iii   Medienrevolutionen: Zivilisationsgeschichte als Mediengeschichte — 11

    II.iv   Dromologisches Gesetz — 15

    II.v   Veränderung von Wahrnehmung - Die *Sehmaschine* und die *Ästhetik des Verschwindens* — 16

    II.vi   Kulturtheoretische Einordnung — 21

    II.vii   Kleiner biografischer Exkurs im dromologischen Kontext — 25

    II.viii   Akzidenz und die *bombe informatique*: der Unfall in der global vernetzten Welt — 27

    II.ix   Dromologie im Jetzt: Überprüfung des dromologischen Konzeptes — 31

    II.x   Dromologische Überlegungen zu UAV — 35

III. Schlussbetrachtungen

    III.i   Arbeitsthema — 40

    III.ii   Kurze Zusammenfassung der Erkenntnisse — 40

    III.iii   Ausblick: Weiterführende Gedanken und Lücken — 42

IV. Literaturverzeichnis — 47

I. Arbeitsfeld und Thema

Everyday it's a-gettin' closer
Goin' faster than a roller coaster
Love like yours will surely come my way
A hey, a hey hey

(Buddy Holly - Everyday)

Die Verbindung vom Wesen der Geschwindigkeit und menschlicher Erkenntnis[1] ist Gegenstand zahlreicher Untersuchungen. So hat etwa der Soziologe und Wissenschaftstheoretiker Norbert Elias - mithilfe das Katalysators Zeit - jene damit verbundenen Prozesse als soziales Produkt[2], somit als Teil des Zivilisationsprozesses interpretiert. In der Kommunikations- und Medientheorie erkennt Roland Wenzlhuemer ein Zusammenwirken von Beschleunigung[3] der Welt anhand neuer Medien und dem variablen Empfinden von Zeit und Realität.[4] Buddy Hollys unbedarfte Gedanken über die - im weitesten Sinne - realitätsformende Kraft von Einflüssen aller Art auf den Menschen erscheinen im medienepistemologischen[5] Licht daher als essentielles Charakteristikum in Fragen nach den erkenntnisspezifischen Interdependenzen zwischen Mensch und dessen Umwelt. Die Grundlagen hierfür sind zahlreich und komplex. Fragen nach dem Veränderlichsein von Raum und Zeit sowie die sich darauf beziehenden Einflüsse von Medienentwicklung scheinen ein möglicher Forschungsansatz zu sein.

---

[1] N.B.: Nach Eduard Zeller bedeutet *Erkenntnistheorie* „die formale Grundlage der ganzen Philosophie", welche untersucht, „unter welchen Voraussetzungen der menschliche Geist zur Erkenntnis der Wahrheit befähigt ist." Einer breiten und kontroversen Begriffsrezeption zum Trotz wird *Epistemologie* somit an dieser Stelle als Theorie von der Konzeption von (heute differenten) Realitäten definiert. Vgl. Eduard Zeller: Ueber Bedeutung und Aufgabe der Erkenntnistheorie, in: Eduard Zeller: *Verträge und Abhandlungen*, zweite Sammlung, Leipzig 1877, S.483.

[2] Vgl. Norbert Elias: Über die Zeit, Suhrkamp 2004, S.85.

[3] N.B.: Beschleunigung meint hier im kolloquialen Sinne die *Erhöhung* von Geschwindigkeiten.

[4] Vgl. Roland Wenzlhuemer: „Less Than No Time" - Zum Verhältnis von Telegrafie und Zeit, in: *Geschichte und Gesellschaft* 37 (4), Vandenhoeck & Ruprecht 2011, S.606.

[5] N.B.: Medienepistemologie wird hier als „Variante der Erkenntnistheorie" im Informationszeitalter gebraucht, deren Grundlage eine Anerkennung von „Pluralität differenter kognitiver Systeme ebenso wie einer Pluralität von differenten Wirklichkeiten und Wertordnungen" bedeutet. Vgl. Siegfried J. Schmidt: Blickwechsel - Umrisse einer Medienepistemologie, in: Gebhard Rusch, S.J. Schmidt: *Konstruktivismus in der Medien- und Kommunikationswissenschaft*, Frankfurt/Main, Suhrkamp, S.119.

Moderne Telekommunikationsmedien haben das Leben hinsichtlich eines schnellen und flüssigen Informationsaustausches heute sicherlich umfassend vereinfacht. Die Welt ist mithilfe von Funkübertragung, Fernsehen und Internet scheinbar zusammengerückt, bezüglich Nachrichtentransmission wirken Entfernungen leichter überbrückbar als zuvor. In diesem Rahmen hat der Medientheoretiker Marshall McLuhan den Begriff vom *globalen Dorf*[6] geprägt, einer durch elektronische Technologien und daraus resultierende sofortige[7] Informationsübertragung aufs Dichteste komprimierte Entität der Welt und ihrer menschlichen Bewohner. In ihrer Konsequenz werden soziales und politisches Leben im Fokus eines kollektiven Bewusstseins überall, jederzeit und scheinbar instantan-zeitkritisch in eine Welt der Immaterialität übertragen. Medien, insbesondere jene der Informations- und Kommunikationstechnologien, tragen demnach zur Transformation unserer Vorstellungen von Raum und Zeit bei.[8] Die Folgerung liegt nahe, Zeit und Geschwindigkeit als dominierende wirtschaftliche, politische und soziale Konstanten in einer sukzessive zeitkritisch werdenden Welt zu verstehen. Zeitforschung als eine der Mediengeschichte zu behandeln, bedeutet somit ebenso die Frage nach dem Einfluss von Beschleunigung durch Medien:

> „Es ist allenthalben die Beschleunigung, welche […] Zeiterfahrung von allen vorangegangenen unterscheidet. […] Die Beschleunigung scheint ein Gebiet nach dem anderen zu erfassen, nicht nur die technisierte Industriewelt, den empirisch überprüfbaren Kern jeder Akzeleration, sondern ebenso das Alltagsleben, die Politik, die Ökonomie, die Bevölkerungsvermehrung."[9]

Doch wo liegen die Ursprünge einer solchen Entwicklung? Was sind deren Folgen? Um gegenwärtige Medienphänomene hinsichtlich ihrer gesellschaftlichen[10] und

---

[6] Vgl. William Toye et al. [Hg.], Marshall McLuhan: Letters of Marshall McLuhan, Oxford University Press 1987, S.254.

[7] N.B. Natürlich bewegt sich das Licht mit einer festen, vom Medium abhängigen Geschwindigkeit durch den Raum, wie der dänische Astronom Ole Rømer 1676 bewiesen hat. Lichtschnell übertragene Informationen sind daher nicht tatsächlich sofortig sondern allenfalls *scheinbar instantan*, was für die Medienepistemologie von Interesse ist. Tatsächliches und gefühltes ‚Sofort' werden aufgrund der hohen Distinktionsschwelle synonym verwendet.

[8] Vgl. Gerhard Chr. Bukow et al.: Mediale Transformationen unseres Verhältnisses zu Raum und Zeit, in: *Medienbildung und Gesellschaft*, Vol. 23, Springer 2012, S.7.

[9] Reinhardt Koselleck: Zeitschichten - Studien zur Historik, Suhrkamp 2000, S.162.

erkenntnistheoretischen Relevanz zu untersuchen, lohnt sich daher die Betrachtung der Zusammenhänge von Medienentwicklung und ihrer Implikationen in Form von einer scheinbar sich beschleunigenden Umgebung. In diesem Zusammenhang wird der Fokus dieser Arbeit auf der Medientheorie Paul Virilios liegen, dessen Forschung die Ursprünge und Folgen einer medieninduzierten Veränderung der Wahrnehmung von Zeit und Raum - und somit Realitätskonzepten - untersucht. Jenes Zusammenspiel von Geschwindigkeit und gesellschaftlicher Entwicklungsprozesse nennt Virilio *Dromologie*. Demnach bedeutet der Wettlauf um medieninduzierte Beschleunigung ein fortwährender Sprint um Informationshoheit und somit politische, ökonomische, gemeinhin gesellschaftliche Macht. Virilios medien- und kulturkritischen Betrachtungen über das Wesen von Beschleunigung im Industrie- und Informationszeitalter lesen sich als Erklärungsmodell für eine zunehmende Entfremdung des Menschen von seiner Umwelt, die weitreichende Folgen für dessen Existenz mit sich bringen. Zwar ist Virilios Medienbegriff, auf der Grundlage der Theorie McLuhans, durchaus weitläufig. Jedoch ist an dieser Stelle von Interesse, inwiefern Eigenschaften und Auswirkungen dromologischer Prozesse bereits heute anhand einer spezifischen, potentiell transformativen Technologie erkennbar sind. Zentraler Gegenstand dieser Arbeit werden daher Charakteristika der Dromologie Paul Virilios sein sowie die Überprüfung ihrer Implikationen auf die Gegenwart. Als exemplarisches Phänomen werden die Technologie und epistemologischen Auswirkungen ferngesteuerter unbemannter Flugobjekte - kurz Drohnen[11] oder UAV (*unmanned aerial vehicals*) - zur Analyse herangezogen. Somit soll folgende Arbeitsthese überprüft werden:

Virilios Dromologie-Konzept ist wiedererkennbar an gegenwärtigen technologischen Entwicklungen wie etwa der Drohnentechnologie.

Im Folgenden wird zunächst Begriffsbildung und schließlich, in Unterkapitel eingeteilt, eine Auswahl dromologischer Kernstücke präsentiert und diskutiert, bevor die gewonnenen Erkenntnisse auf heutige Relevanz überprüft werden. Die gesammelten Einblicke sollen die eingangs postulierte Feststellung, medienverbundene Akzeleration und erkenntnistheoretische Phänomene seien interkausale Bestandteile eines gemeinsamen

---

[11] N.B.: Weder UAV noch die bekanntere *Drohne* erscheinen als Begriffe ideal gewählt. Wo das Akronym zwar präzise aber gleichsam unbeholfen erscheint, birgt hingegen die *Drohne* einen assoziativ günstigeren Zugang zum Sujet - jedoch zum Preis inadäquater phänomenologischer Einordnung. Trotz und wegen dieser begrifflichen Unschärfe werden beide Formen synonym verwendet.

Nexus, unterstützen und die Anwendbarkeit der dromologischen Theorie auf UAV bestätigen.

Ein Ausschnitt aus Paul Virilios Werk sei dabei als Basislektüre zu nennen, welche in ihrer Rezeption (Georg Christoph Tholen, Daniela Kloock, Steve Redhead et al.) diskutiert wird. Im Abschnitt über Drohnentechnologie und ihrer möglichen dromologischen Ausprägungen wird vermehrt digitales Quellenmaterial benutzt, was dem Umstand einer vergleichsweise jungen und aktuellen Thematik geschuldet ist. Hinsichtlich eines präziseren Verständnisses sind zudem in der Arbeit beigefügte englische Zitate überwiegend unübersetzt übernommen - ungeachtet ihres partiellen Ursprungs aus dem Französischen bzw. eines möglichen Eindrucks muttersprachlicher Diskontinuität. Im Text kursiv markierte Wörter oder Begriffe dienen der thematischen Hervorhebung.

II. Dromologie: Begriff, Kernpunkte, Anwendung

Im folgenden Abschnitt sollen Grundzüge des von Virilio als *Dromologie* bezeichneten Arbeitsfeldes dargestellt werden. Dessen medientheoretische Basis und Implikationen - die kultur- und gesellschaftsspezifischen Folgen einer sich rasant beschleunigenden Medienwelt - werden im Anschluss Beobachtungen über UAV-Technologie gegenübergestellt und medienepistemologisch bewertet. Als zentrales Augenmerk werden Terminologie und Gesellschaftskritik Virilios sein, welche knapp erläutert werden und in der Rezeption wiedergefunden werden soll. Dies soll jene Gegenüberstellung ermöglichen, die über kulturelle Bestätigung von Paul Virilios Werk skizzenhaft Aufschluss geben soll.

II.i   Dromologie: Dromokratie

Der Philosoph, Stadtplaner und Kulturkritiker Paul Virilio beschäftigt sich zeit seines Lebens mit dem Wesen von Geschwindigkeit und Beschleunigung als Indikatoren und zugleich Motoren gesellschaftlicher Entwicklung. Als theoretische Basis Virilios ist das Gebiet der Dromologie zu nennen, dessen Erforschung und Kontextualisierung er seit den 1970er Jahren in zahlreichen Publikationen betreibt und ausweitet. Eng verwoben mit Virilios Biographie als Stadtplaner und Militärchronist nimmt jenes Wissensgebiet starken Bezug auf zahlreiche Disziplinen, wie etwa Urbanistik, Mediengeschichte, Militärwissenschaft und Physik.

Seinen Beobachtungen zufolge bestimmt nicht etwa Akkumulierung von materiellem Wohlstand politische, militärische und somit gesellschaftliche Macht, sondern die Implikationen von geschwindigkeitsbezogenen Wettläufen um diese. Der Begriff, ein von Virilio geschaffenes Portmanteau aus der griechischen Übersetzung von Rennbahn (*dromos*) und Wissenschaft (*logos*), bezieht sich auf die Bedeutung von geschichtlichen Etappen und gesellschaftlichen Entwicklungen als Ausdrucksformen sich beständig wandelnder Geschwindigkeitsverhältnisse, welche eng mit Mediengeschichte und somit technischem Fortschritt verbunden sind:

> „Dromologie kommt von *dromos*, Lauf. Es handelt sich also um die Logik des Laufs. Damit bin ich in jene Welt eingetreten, in der Geschwindigkeit und nicht Reichtum zum Maßstab der Gesellschaftsgeschichte geworden ist."[12]

Dromologie ist die Theorie vom Wesen der Geschwindigkeit und Beschleunigung. Somit ist das von Virilio betriebene medientheoretische, historische und epistemologische Erforschen von Geschwindigkeit für diesen Abschnitt von zentraler Bedeutung. Als Grundlage für das Beleuchten des beständigen „Wandels zeit- und raumspezifischer Erfahrungswelten"[13] dient die Annahme, durch die fortwährende Entwicklung von Medientechnologien werde der von der menschlichen Physis okkupierte Raum geschmälert, verflüchtige sich sukzessive und werde als Orientierungsgrundlage durch den anhaltend präziser werdenden Rhythmus der Zeit und ihren Messinstrumenten verdrängt. Der Raum, ursprüngliches primäres Aktivitätsgebiet in Bezug auf Habitat, Transport- und Konfliktort des Menschen, sei graduell geringer durch Beschaffenheit und Ausmass definiert worden, sondern zunehmend über die Geschwindigkeit seiner Durchschreitung, was Virilio als Entwirklichung vermittels „Entfremdung durch Geschwindigkeit"[14] bezeichnet. Dieses Phänomen sei in jedem Lebens- und Gesellschaftssystem zu finden und daher als zivilisatorische Konstante von transhistorischer Natur. Aufgabe der Dromologie sei somit, zu besserem Verständnis von gesellschaftlichen Verhältnissen beizutragen.

In seiner Analyse über Virilios Arbeiten interpretiert der Medienwissenschaftler Georg Christoph Tholen das Gebiet um die Dromologie demnach als eine Phänomenologie der „implodierten menschlichen Wahrnehmung", welche die „Architektur des relationalen Gefüges von Wahrnehmungsfeldern [beleuchtet], insofern diese ihrerseits von Geschwindigkeitsbeziehungen abhängen"[15]. Jener Implosionsprozess, den Virilio für den Menschen als bedenklich einstuft soll im Folgenden knapp nachgezeichnet werden. Es handelt sich um ein fortschreitendes, scheinbar grenzenloses Beschleunigungsmoment -

---

[12] Paul Virilio, Sylvère Lotringer: Der reine Krieg, Merve-Verlag, Berlin 1984, S.45.

[13] Vgl. Paul Virilio im Interview mit Caroline Dumoucel, in: *VICE* 17(9), New York 2010, S.57ff.

[14] Daniela Kloock, Angela Spar: Ästhetik der Geschwindigkeit - Paul Virilio, in: *Medientheorien. Eine Einführung*, 4. Auflage, Paderborn 2012, S.133ff.

[15] Georg Christoph Tholen: Geschwindigkeit als Dispositiv. Zum Horizont der Dromologie im Werk Paul Virilios, in: Joseph Jurt [Hg.]: „*Von Michel Serres bis Julia Kristeva*", Rombach Verlag [*Reihe Litterae*, Bd. 69], Freiburg 1999, S.135.

hier dromologisches Moment genannt - der Genese der Technologie, das den Kern von Virilios Beobachtungen über die Veränderungen innerhalb des Kontinuums *Mensch - Maschine - Umwelt* darstellt. Demzufolge seien die Auswirkungen von Geschwindigkeit stets prägender Faktor für das Überleben gewesen, welche sich beispielsweise seit Jahrtausenden in Hetzjagden, Konflikten und Nahrungssuche widerspiegele.[16] Der dromokratische Faktor - Herrschaftsindikator des Schnelleren - zeigt damit die Verbindung zivilisatorischer Medienentwicklung und daraus resultierender Beschleunigung mit ihren kriegerischen und militärischen Implikationen.[17] Aufgrund ihrer transpolitischen bzw. transhistorischen Natur ist die Entwicklungsgeschichte des Menschen somit nicht erst in ihrer jüngeren Vergangenheit dromologisch *geworden*. Vielmehr ist das dromologische Moment als intrinsische Veranlagung und somit Wesenskern zivilisatorischer Entwicklung zu verstehen. Im Folgenden werden die oben knapp umrissenen Gedanken und Schlussfolgerungen der Dromologie Paul Virilios näher erläutert und zentrale Begriffe erläutert, um die Problematik vertieft bearbeiten zu können.

II.ii   Unterwegs

In seinen Werken über dromologische Betrachtungen spielt hinsichtlich ihrer methodischen Orientierung der Begriff des *Fahrzeugs* eine zentrale Rolle. Der Mensch sei, Virilios medienanthropologischem Ansatz zufolge, beständig *unterwegs* - bereits ungeboren im Vehikel des Mutterleibs, später - seit dem Neolithikum - mit Nutztieren, welche als Nahrungsquelle sowie als Zug- und Reitobjekt gehalten würden. Es ist jene Phase der Nutzbarmachung des Menschen umgebenden Fauna, in welcher Virilio den Beginn der Eroberung von Territorien verortet.[18] Der Grund liege in der Feststellung, erschlossene bzw. eroberte Gebiete, die zuvor bei Abwesenheit in informationelle und somit machtbezogene Unsicherheit oder gar Verlust mündeten, würde mithilfe von Reittieren als prävalentes Transportmedium eher unter Kontrolle gebracht werden:

---

[16] Vgl. Paul Virilio: Geschwindigkeit - Unfall - Krieg, in: *TAZ*, 03.05.1986, S.12.

[17] N.B.: Dies ist eine bedeutende Facette dromologischer Theorie, die sich durch einen Großteil von Virilios Werk zieht. Bezüglich des Arbeitsthemas soll zu einem späteren Moment vertieft auf die dromologische Verbindung von Krieg und Medien eingegangen werden.

[18] Vgl. Paul Virilio: Revolutionen der Geschwindigkeit, Merve-Verlag, Berlin 1993, S.7.

> „Whoever controls the territory possesses it. Possession of territory is not primarily about laws and contracts, but first and foremost a matter of movement and circulation."[19]

Dieser Antrieb zivilisatorischer Bestrebungen ist somit untrennbar verbunden mit der Instrumentalisierung des Menschen Umwelt. Durch die Nutzung von Tieren als Transportmedien mobilisiert sich der Mensch. Dessen Beschleunigung begünstigt demnach grundlegende Entwicklungen in der gesellschaftlichen Genese, da Fahrzeuge jedweder Art der Entwicklung von Zivilisation und somit menschlicher Perzeption zuträglich seien. Tholen spricht dabei vom „gesellschaftsprägende[n] Gesetz einer übervorteilenden Beschleunigung", welches „bei der Tierjagd und, wichtiger noch, bei der kriegerischen Auseinandersetzung"[20] zum Tragen komme. Macht bedeutet also Raumbeherrschung, welche sich wiederum in einer dem Umfeld überlegenen Kontrolle von Geschwindigkeit manifestiert. Im Sinne der Medientheorie Marshall McLuhans [21] - dessen Beobachtungen und Schlüsse zugunsten einer medientheoretischen Verankerung im Laufe der Arbeit vereinzelt den Gedanken Virilios zu Hilfe kommen werden - besinnt sich Tholen auf die epistemologischen Implikationen dieses Prozesses, in dem der Mensch auf diese Weise motorische wie sensitive Facetten seines Seins auf die Dimensionen des Mediums erweitere. Jene medienanthropologische Blickrichtung ist ein entscheidender Referenzpunkt in der Betrachtung der Dromologie, da diese Mediengeschichte als Zivilisationsgeschichte zu verstehen sucht. Dromologie ist somit als Versuch zu lesen, „Kulturgeschichte an die Faktoren der Zeitersparnis, Beschleunigung und Beherrschung von Geschwindigkeit zu koppeln, da diese kriegsentscheidend und darum so wirkmächtig gewesen seien."[22] Es soll jene militärische Komponente sein, auf welche später Bezug genommen wird, um einen Zusammenhang zwischen dem medienphilosophischen

---

[19] Paul Virilio im Gespräch mit John Armitage: The Kosovo War Took Place In Orbital Space: Paul Virilio in Conversation, Interview, in: *Ctheory*, 18.10.2000, url: http://www.ctheory.net/articles.aspx?id=132, abgerufen: 19.11.12, 20:01.

[20] Tholen: Geschwindigkeit als Dispositiv. S.136.

[21] Vgl. Marshall McLuhan: Die Magischen Kanäle, ECON-Verlag, Düsseldorf 1992, S.17.
N.B.: McLuhan spricht von Medien als „Ausweitungen" des Menschen, die ihn mit zusätzlichen Gestaltungsmöglichkeiten ausstatten. Nicht nur würden diese eine entsprechende Situation bei und im Sinne ihrer Benutzung verändern. Gleichermaßen habe das Medium ebenso großen Einfluss auf das Selbstkonzept eines Menschen und dessen Umwelt.

[22] Axel Volmar: Zeitkritische Medien im Kontext von Wahrnehmung, Kommunikation und Ästhetik, in: Axel Volmar [Hg.]: *Zeitkritische Medien*, Kulturverlag Kadmos, Berlin 2009, S.11.

Hintergrund der Dromologie und ihrer Überprüfung anhand jener oben gewählten, gegenwärtigen technologischen Eskalation herzustellen.

II.iii Medienrevolutionen: Zivilisationsgeschichte als Mediengeschichte

In Verbindung mit seinen zuvor erklärten dromologischen Positionen postuliert Virilio das Modell der drei Medienrevolutionen der jüngeren Geschichte, welche synonym für den technologischen und kulturellen Entwicklungsprozess der Menschheit stehen sollen. Im Folgenden sollen sowohl die Entwicklungsstufen als auch Virilios kritische Position bezüglich einer medieninduzierten Beschränkung menschlicher Gestaltungsmöglichkeiten skizziert werden.

Die erste Medienrevolution sei eine des *Transportwesens*, welche sich durch die rasante - weil über fließband- und nicht-metabolische, automotorische Medien stattfindende - Entwicklung während der industriellen Revolution im 19. Jahrhundert manifestierte.[23] Durch die schlagartige Unabhängigkeit gegenüber Zugtieren sowie aufgrund automatisierter Produktionsweisen in modernen Manufakturen sei eine Zäsur eingetreten. Die Beförderung von Gütern und Menschen sei auf neuartige Weise beschleunigt worden und habe somit - gemäß der Gedanken McLuhans[24] - entsprechende Rückkoppelungseffekte auf akzelerierte Wahrnehmung respektive das Selbstverständnis einer protomodernen Gesellschaft bewirkt. Man begann schneller zu *leben*. Zwar handelte es sich bei der Industrialisierung um eine radikale Umwälzung und Abkehr von althergebrachter Organisation von Mensch, Raum, und Material, die sich u.a. in flächendeckenden politischen, merkantilen und philosophischen Raumerweiterungen manifestierte. Dennoch sind für Virilio diese Entwicklungen stets Ausdruck einer Ordnung von relativer Geschwindigkeit. Zum Zeitpunkt der Revolution des Transports hätte weiterhin eine zu Raum und Zeit abhängige Medienwahrnehmung bestanden. Diese bezog sich auf Technologien und Gestaltungsmöglichkeiten, die nach wie vor auf in räumlichen Koordinaten existierender Materie beruht habe.

---

[23] Vgl. Virilio: Revolutionen der Geschwindigkeit. S.17f.

[24] Vgl. McLuhan: Die Magischen Kanäle. S.17.
N.B.: McLuhan benutzt hier das Beispiel der Eisenbahn, deren Erfindung nicht einfach „Bewegung, Transport, das Rad oder die Straße" bedeutet habe, sondern „vollkommen neue Arten von Städten und neue Arten der Arbeit und Freizeit [...]." Ihre Existenz habe dazu geführt, Wesen und Positionierung des Menschen mit dessen Umwelt und Gesellschaft neu zu verorten. Somit verändert nicht nur die Betätigung des Mediums die Umwelt des Menschen. Es ist ebenso er selbst, der durch die Existenz einer jener „Ausweitungen" verändert wird und auf diese Weise kommuniziert und gestaltet.

Mit dem Erreichen einer völlig neuen telekommunikativen Übertragungsart wird jene relationale Ordnung obsolet. Die Revolution der *elektromagnetischen Transmissionsmedien* bedeutet für Virilio das Einsetzen eines neuen Paradigmas. Ihr inneres Kriterium, das lichtschnelle Übertragen von Informationen über Telegraphie, Funk und Fernsehen - c = 298.925.574 m/s (bei Luftwiderstand) - löscht sämtliche Distanz- und somit Raumwahrnehmung aus dem Bewusstsein von Sender und Empfänger, da hierfür lediglich Bruchteile von Sekunden benötigt werden. Zuvor war die physische Umgebung für das Bremsen von Bewegung verantwortlich. Gegen diesen Umstand wurde mithilfe von leistungsstärkeren und widerstandsnivellierenden Medien (Tunnel und Autobahn) angegangen, um jene Hindernisse als Störfaktor zu beseitigen. Nun überwinde vom Menschen benutzte elektromagnetische Strahlung jede Materialität.[25] Es handle sich dabei um ein Annähern an die „absolute Geschwindigkeit"[26], welche - getreu dem Phänomen der Zeitdilatation - zugleich die Grenze der Zeit darstellt, jegliche physische Bewegung überflüssig mache. Der ursprüngliche Wettlauf um die Erschließung und Kontrolle des Territoriums als Indikator für Macht wird ersetzt durch das Sofortige: der *Raum* wird zum *Jetzt*. In Anlehnung an McLuhans Bonmot - *the medium is the message* - sowie angesichts dieses medienepistemologischen Paradigmenwechsels folgert Virilio, das Medium Botschaft sei in Wirklichkeit die (ultimative) Geschwindigkeit ihrer Ausbreitung und dromologisiert auf diese Weise den Medienbegriff McLuhans.[27]

Der Mensch sei unfähig, sich den Geschwindigkeiten und damit nicht mehr geistig fassbaren Zeitfraktionen des neuen Mediums anzupassen. Stattdessen Virilio ihn seiner Sinne und somit Existenzgrundlage beraubt, da die lichtgeschwinden Übertragungsmedien sämtliche seiner perzeptiven Fähigkeiten automatisiere und auf diese Weise ersetze.[28] Amputation, nicht Erweiterung seiner Sinne sei auf diese Weise beobachtbar. Der Raum löse sich als perzeptive Konstante auf, da dieser nicht mehr für die Informationswahrnehmung vonnöten sei. Informationen seien subjektiv-zeitkritisch aus jedem für den Menschen zugänglichen Ort erreich- und empfangbar. Infolge jener audio-

---

[25] Vgl. Kloock, Spar: Ästhetik der Geschwindigkeit, S. 161.

[26] Virilio: Revolutionen der Geschwindigkeit. S.20.

[27] Vgl. Bob Hanke: McLuhan, Virilio and Speed, in: Paul Grosswiler [Hg.]: *Transforming McLuhan: Critical, Cultural and Postmodern Perspectives*, Peter Lang, New York 2010, S.205.

[28] Vgl. Kloock, Spar: Ästhetik der Geschwindigkeit, S.136f.

visuellen Informationsrevolution[29] entstehe ein neues Verhältnis des Menschen zur materiellen Welt, welches das Prinzip der Realitätswahrnehmung durch Wahrnehmung und Erschließung des Raumes hinfällig werden lasse. Der Mensch bleibe lediglich präsent bei Ereignissen, welche unmittelbar in dessen Umgebung stattfinden und somit ohne die Verwendung lichtschneller telekommunikativer Medien wahrgenommen werden können. Statt des vermeintlich realen Territoriums gelte für den Menschen nunmehr, zu weiterer Beschleunigung unfähig, die lichtschnelle *Echtzeit* als Nexus aller Wahrnehmungen.

Damit ergeben sich weitreichende Folgen für Wahrnehmungs- und Gestaltungsfähigkeit: Je schneller und präziser Medienentwicklung voranschreitet, desto amputierter erscheint der Mensch. Im Zustand höchster medialer Mobilität ist er somit zu Immobilität verdammt. Der epistemologische Horizont verschwindet mit dem ins absolute wachsende Potential der medialen Sinneserweiterungen - er wird *negativ*. Dies markiert Virilio als das Ende der Geschichte der Beschleunigung, an dem alles *jetzt* sei[30] und der Mensch die Kontrolle über sich und seine Umwelt verloren habe - eine Zäsur hinsichtlich Virilios dromologischer Kulturkritik, deren Ansatz sich im Wesentlichen mit den Beobachtungen des „*Proto-Dromologen*"[31] McLuhan zu decken scheinen:

> „The entire world, past and present, now reveals itself as a growing plant in an enormously accelerated movie. Electric speed is synonymous with the speed of light and with the understanding of causes."[32]

Doch mit der lichtschnellen Ausbreitung von Information ist Virilio zufolge erst der Anfang gemacht. Da das physische Gebiet der Welt *er-fahren* und kartographiert sei, habe sich die Beherrschung dessen ebenfalls auf ein Maximum ausgedehnt. Als Folge invertiert sich der Erkundungsimpuls von *nach-aussen* auf die Funktionsweisen des menschlichen Körpers, dem letzten *Territorium*. Virilio nennt diesen Schritt die dritte Medienrevolution[33], jene der *Transplantationstechniken*. Diese sei dank der Errungenschaften ihrer

---

[29] N.B.: Der Begriff verweist auf die Abgrenzung zur vorangegangenen *auto-mobilen* Revolution des 19. Jahrhunderts.

[30] Vgl. Paul Virilio: Dialektische Lektionen - Vier Gespräche mit Marianne Brausch, Hatje Cantz Verlag, Ostfildern 1996, S.57.

[31] Hanke: McLuhan, Virilio & Speed, S.220.

[32] Marshall McLuhan: Understanding media: The extensions of man, McGraw-Hill, New York 1964, s.305.

[33] Vgl. Virilio: Revolutionen der Geschwindigkeit, S.17f.

Vorgängerin losgelöst von einem Impetus der Beschleunigung und beziehe sich nun - da bislang Leben nur auf der Erde möglich zu sein scheine - auf die „Kolonisierung" des „unendlich viel leichter zugänglichen Planeten, den des menschlichen Körpers"[34]. Die menschliche Physiologie avanciert in dieser dritten Phase zum zentralen Einsatzbereich der während der *audio-visuellen* Revolution etablierten Telekommunikationsmedien. Sie sind Mikromaschinen der Kommunikation, die als Sonden, Detektoren und Sensoren bereits im Alltag der Gegenwart zu finden sind. Das *Jetzt,* sinnbildlich grenzenloser Austragungsort des Wettlaufes um Macht, modifiziert sich in dieser Phase zum *Selbst,* d.h. es implodiert auf die Maße der eigenen Physis und verändert diese mithilfe der Technologie ihrer Zeit. Tholen nennt diesen Prozess das „epistemologische Dilemma einer […] anthropologischen Rückführung der sich ‚verselbständigenden' Technik auf die ursprüngliche Ausdehnung des Körpers."[35] Er nimmt später indirekt Bezug auf die kybernetischen Dimensionen der Idee einer medieninduzierten Implosion des Raumes, die an dieser Stelle jedoch aus Gründen thematischer Brennschärfe nicht weiter verfolgt werden sollen.

Virilio beobachtet und prophezeit eine Welt, in der IT-Implantate auf Wahrnehmung und Verhalten einwirken - bei gleichzeitiger Kommunikation im grenzenlosen Informationsnetzwerk. Sein Urteil über eine solche Perspektive fällt kritisch aus. Der Fokus auf das Erfahrungsfeld der körperlichen Maße sei das logische Ergebnis aus einer Folge von der zivilisatorischen Bestrebung, Mensch und Umwelt seit Beginn der Zeit zugunsten von Machterhalt und -ausbau mithilfe von Instrumenten zu domestizieren. Der Mensch entfremde sich jedoch von sich selbst. Sein Körper werde aufgrund des medientechnischen Fortschritts „seelenlos" und „entweiht", da er einer skrupellosen Wissenschaft zum Opfer falle, die ganz im Zeichen der tradierten menschlichen Unterwerfung seiner Welt und damit ebenfalls seiner selbst stehe.[36] Das versklavte Wesen sei seit jeher nicht bloß als Ergebnis/Symbol für Erschließung von Territorium und Macht zu verstehen, sondern überhaupt als ihr notwendiges Moment. Die scheinbar lose Ereigniskette „Domestizierung der Gattungen, rhythmische Abrichtung des Verhaltens der Krieger und Diener, Entfremdung des Fließbandarbeiters, Abfütterung des Sportlers mit

---

[34] Paul Virilio: Die Eroberung des Körpers - Vom Übermenschen zum überreizten Menschen, München 1994, S.124.

[35] Vgl. Tholen. S.136.

[36] Virilio: Die Eroberung des Körpers. S.124.

anabolen Substanzen"[37] gerät auf diese Weise zu einer dromologischen Abfolge technosozialer Entwicklung. Die Idee der *dritten Medienrevolution* steht in kausaler Folge mit diesen Beobachtungen. Wieder bestätigen McLuhans Gedanken diese Folgerung implizit:

> „Speed of light man has neither goals, objectives nor private identity. He is an item in the databank - software only, easily forgotten - and deeply resentful."[38]

Neben der Erkenntnis, Medien seien Sinn- und Ausdrucksverlängerungen des Menschen, findet sich in diesem Kommentar Mcluhans über den Zustand des gegenwärtigen Menschen eine weitere Übereinstimmung mit den Schlussfolgerungen Virilios: Der Mensch, so der beidseitige Tenor, hat sich aus seinen technologischen Entwicklungen heraus selbst verdammt. Beschleunigung bedeutet nicht mehr Fortschritt. Im Gegenteil torpediert diese in ihrer absoluten Form das große Projekt der Aufklärung und ihre humanistische Idee vom Menschen und dessen körper- und damit sinnbezogene Menschlichkeit als Zentrum aller Erfahrung.

II.iv   Dromologisches Gesetz

Als ein Ausgangspunkt für Virilios Kritik an einer medieninduzierten Kultur menschlicher Unmündigkeit ist eine von ihm postulierte Regel zu berücksichtigen, deren Konsequenz im Großteil seiner Arbeit wiederzufinden ist. Die Revolution der Übertragungsmedien und damit das fortwährende Ersetzen menschlicher Sinn- und Gestaltungsfähigkeiten lasse einen simplen Schluss zu; am Austauschen bestehender Technologien durch modernere und effizientere sei ein Prozess erkennbar, den Virilio als *Dromologisches Gesetz* beschreibt:

> „Jede höhere Geschwindigkeit grenzt zunächst niedrigere Geschwindigkeiten aus, um sie dann zu verdrängen."[39]

---

[37] Vgl. Tholen, S.136.

[38] Marshall McLuhan: Living at the Speed of Light, in: *MacLeans Magazine*, Toronto 1980, S. 32f.

[39] Virilio: Revolutionen der Geschwindigkeit, S.15ff.

Demnach würden körperliche und mechanische Qualitäten bei aufkommender Obsoleszenz auf u.a. freizeitliche Bereiche wie Spiel und Sport ausgelagert und schließlich völlig verschwinden. Für das Überleben notwendig seien ehemals elementare Techniken wie der Sprint- und Hindernislauf lange nicht mehr, da deren Zweck - Konfliktaustragung, Nahrungssuche, Flucht - im (post)-modernen Industrie- und Informationszeitalter kaum noch mit bloßen physischen Mitteln erreicht werden müsse. Es seien mittlerweile Maschinen, die jene Aufgaben schneller und präziser übernähmen, während die *Logik der Rennbahn* jene überkommenen Techniken zu Unterhaltungszwecken im Sinne einer Kompensation der Trägheit museal konserviere. Sie sei es, die den Wettkampf, die militärische Komponente also, in unserer Mitte platziere und somit Fortschritt ermögliche. Einer solchen Komponente wird regulierende aber ohne ethischen Kompass fehlende progressive und gestalterische Kraft im Entwicklungsprozess einer Gesellschaft zugesprochen - eine Schlussfolgerung, welche sich mit Virilios skeptischem Ausblick zu decken scheint, nach dem, getreu der Prognose der dritten Medienrevolution, ein auf Prothesen angewiesener Invalide in der Zukunft ersetzt werden könne durch den „rechnergestützten Gesunden"[40].

II.v   Veränderung von Wahrnehmung -
Die *Sehmaschine* und die *Ästhetik des Verschwindens*

Neben dieser Darlegung einer medieninduzierten Entwicklungsgeschichte von Zivilisation ist es von Bedeutung, Virilios Gedanken über die Wahrnehmung zu betrachten. Sie ist im Diskurs über Dromologie entscheidend, da sie untrennbar mit dem Einfluss von Medien auf die Genese von Zivilisation verbunden ist:

> „Es zeigt sich also daß das Wahrnehmen erlernt ist. [...] In einer primitiven Gesellschaft sieht man anders, als durch all die technischen Mittel, die unser Sehen, unsere Optik, unsere Perspektive, in Szene setzen - bis hin zur Industrialisierung, deren Opfer wir sind."[41]

Es sind vor allem Veränderungen der visuellen Wahrnehmung, welche Virilio als entwicklungsgeschichtlich besonders relevant erkennt. Der Blick und dessen Implikationen

---

[40] Vgl. ebd., S.14.

[41] Vgl. Paul Virilio: Vom Sehen, Wahrnehmen, Tasten, Fühlen, Erkennen, Was Wirklich Ist - Im Zeitalter des Audiovisuellen, in: *FilmFaust, Internationale Filmzeitschrift*, 89/90, Frankfurt 1994, S.22ff.

schaffen ein vom Kontinuum *Zeit - Raum* abhängiges Verhältnis zur Wahrnehmung, das als Realität wahrgenommen wird. Wahrnehmen wird gelernt - dominiert von Blickperspektiven. Daniela Kloocks (et al.) Betrachtungen über Virilios Dromologie zufolge ist dieses Verhältnis mit dem Wandel von ortsbezogener zu wellenbezogener, zeitabsoluter Optik in eine neue Stufe eingetreten, welche mithilfe von „verselbständigten" Medien den Menschen entmündige und ihn aufgrund der Dematerialisierungs- und Deterritorialisierungsprozesse zu „Atheisten des Glaubens an die Wahrnehmung"[42] werden lasse - ein zentraler Punkt in Virilios Kritik an der global-dromokratischen Gesellschaft. Die Überzeugung, „was ist, wird gesehen", schwinde. Begründet wird dies mit der Feststellung, Dasein und Bewusstsein werde durch Beschleunigungsprozesse der visuellen Wahrnehmung dezimiert. An die Stelle geometrischer (und somit physiologisch unmittelbar erfahrbarer) Daten rücken Pixel und Bits als informations- und realitätsdefinierende Faktoren. Computergestützte Einrichtungen, weltweit lichtschnell vernetzt, übernehmen das einst als Primat menschlicher Wahrnehmung etablierte Sehen und überflügeln es an Reichweite und Informationsgehalt. Das Resultat sei eine „Ästhetik des Verschwindens"[43], die letztlich sowohl eine absente visuelle Wahrnehmung als auch in letzter Konsequenz ein Entschwinden des Menschen selbst bewirken werde.

Als Ausgangspunkt eines blickspezifischen Paradigmenwechsels sieht Virilio die Erfindung der chronophotographischen Flinte, welche pionierhaft das technische Verbildlichen in den Vordergrund rücken lässt. Es soll jedoch der Kinematograph sein, der den Anfang einer einsetzenden „Automatisierung der Wahrnehmung" markiert. Jene Artefakte markieren den Advent der *Sehmaschine.* Zwar herrsche in der Bewegung des Filmstreifens nach wie vor eine mechanische Bewegung, um visuelle Wahrnehmung zu ermöglichen. Jedoch bewirke der Filmmotor als neues Bewegungszentrum einen während der Filmbetrachtung entstehenden, permanenten Eindruck des Vorbeiziehens - ein Produkt, das entgegen sämtlicher zuvor vom Menschen entwickelten materiellen Schaffenskraft nun flüchtig und unstet sei. Virilio erkennt darin das ideale Potential zur Beeinflussung der Massen, da mithilfe unerwarteter Schnitte, Kamerabewegungen, Blenden und somit fortwährender Neuordnung der Beziehung von Raum und Zeit eine „psychotrope Verrückung"[44] stattfinde. Eine solche „Einschläferungstechnik" führe zu einer Art unbewusster

---

[42] Vgl. Kloock et al., S.138.

[43] Paul Virilio: Die Sehmaschine, Berlin 1989, S.136.

[44] Vgl. Kloock et al., S.142.

Gleichschaltung der Beobachter, da die Flut der Bilder jegliche subjektive Kontextualisierung des Gesehenen verdränge.

Jener ästhetische Effekt des Verschwindens ist nach Tholens Analyse[45] nicht nur bei den bildgebenden Verfahren bemerkbar, sondern ebenso u.a. beim Autofahren, dessen raumzeitlicher Effekt paradox sei. Im Moment körperlicher Ruhe erscheine ein unproportionales Ausmaß an Bewegung der Aussenwelt, in der Landschaften quasi-filmisch am Betrachter vorbeifliegen würden. Zwar diene das Versprechen scheinbar universaler Mobilität als Legitimation und Motor für allerlei Erfindungen des Schnellerwerdens. Jedoch sei jener Eindruck der filmischen Landschaften in seiner Gestalt illusionär und verzerre das von Virilio postulierte Axiom der ursprünglich relationalen Verbindung von Ruhe und Bewegung. Stattdessen gelte dank der Überwindung von Raumrelationen ein neues; jenes der Blindheit der sich beschleunigenden Bewegung: Weder bedenke noch beherrsche sie den Wettlauf mit sich selbst, ihr Wesen sei auf autoreferentielle Weise immobil.

Als epistemologisches Ergebnis sei mit solcherlei medienbasierten Kontrollverlust eine Entfremdung des Menschen von dessen eigener Wahrnehmung zu beobachten, die sich in einer wunschhaften, „metabolischen' Osmose [sic!] von Mensch und Transportmittel"[46] verliere. Virilio erkennt und problematisiert das technologische Absolutum der Lichtbeschleunigung in Bezug auf das inferiore innere Zeitbewusstsein: „Wie lässt sich Zeiterfahrung weiterhin exponieren, wenn diese eng verschränkt ist mit ‚Zeit-Raum' und ‚Geschwindigkeits-Raum'?"[47] Die Omnipotenz der Lichtinformation - oder vielmehr, jene sämtlicher den Menschen überflügelnden Medien - mutiert zum menschlich Unmöglichen, einem epistemologischen Vakuum. Letztlich sei es die Nachkriegsobsession des Autofahrens, an dem das dromologische Gesetz erkennbar werde, da es sich um eine Verlagerung von einst militärisch induzierter Verfahren und Geisteshaltungen in den freizeitlichen Raum handle.[48] Tholen spricht in diesem Zusammenhang von „kriegs- und freizeitindustrieller Mobilisierung", dessen Ergebnis die automobile Gesellschaft - getreu

---

[45] Vgl. Tholen: Geschwindigkeit als Dispositiv, S.146.

[46] Vgl. ebd., S.147.

[47] Paul Virilio: Der Augenblick der beschleunigten Zeit", in: Dietmar Kamper, Christoph Wulf [Hg.]: *Die sterbende Zeit*, Darmstadt/Neuwied 1987, S.256.

[48] Vgl. Tholen, S.146.

Überlegungen Friedrich Kittlers - und somit „Mißbrauch von Heeresgerät" sei - ein Phänomen welches überall, so auch bspw. bei der Kinematographie, zu beobachten sei.

Besagte, bereits eingangs erwähnte, dromologische Komponente eines permanenten menschheitsgeschichtlichen Konflikts um Raum und Herrschaft ist nach Virilio steter Begleiter und Triebfeder medientechnischer Entwicklungen. Es gilt die Prämisse, von Vorteil sei, wer rechtzeitig im Bilde ist:

„Der Krieg ist zuerst ein Voyeur."[49]

Virilio meint damit das Bestreben von Kriegsakteuren, eher zu validen Informationen zu gelangen als ihr kriegerisches Gegenüber. *Eher* bedeutet in der Dromologie Virilios *schneller.* Krieg ist somit allem voran eine „Verwaltung und Organisation von Blicken" zur „Kontrolle der Wahrnehmungsfelder des Feindes".[50] Der Krieg als dromologischer Angelpunkt, dessen Akteure schneller sehen wollen als deren Konkurrenz, wird dadurch in Virilios Theorie verständlich. Welt und Weltraum würden seit jeher auf dieser Grundlage überwacht und - seit Anbeginn des Informationszeitalters - computergestützt analysiert. Seien es im Zeitraum vor der Revolution der Übertragungsmedien Wachtürme, Hügel und Pferde gewesen die benutzt wurden, um Terrain zu beobachten und kontrollieren, seien jene ersten Massenmedien heute durch Computeranlagen abgelöst worden. Diese würden die Physis des menschlichen Sehens, somit auch die physische Realität schlechthin überflüssig machen, *verschwinden* lassen. Der Mensch ist somit nicht nur bereits immer *unterwegs* gewesen. Es geschah zudem stets in militärischer Dimension: jener des Machtausbaus vermittels Informationsgewinn.

Anhand der oben genannten Beispiele der Kinematographie und des Autofahrens zeichnet Virilio ein Bild einer Gesellschaft, die ihre kriegerischen Mittel mit jenen einer Unterhaltungsindustrie, des Alltags vermengt, um einer machtausübenden Elite Befugnisse und Privilegien zu sichern. So sei die Überforderung menschlicher Sinne durch den Kinofilm bereits in der Sowjetunion und Nazideutschland in den 1930er Jahren ein probates Mittel zur Massenbeeinflussung gewesen.[51] Gleichsam seien Kinos Kathedralen-

---

[49] Paul Virilio: Cinéma francais, Gespräch mit Paul Vecchiali und Bion Steinborn, in: *FilmFaust, Internationale Filmzeitschrift*, 60/61, Frankfurt 1987, S.10f.

[50] Vgl. ebd., S.12.

[51] Vgl. Paul Virilio: Krieg und Fernsehen, 1993 München, S.52.

und Messeersatz mit ihren homogenen (visuellen und ideologischen) Projektionen von Information. Diese Aufgabe habe über Jahrhunderte die Kirche übernommen.

Den ausschlaggebenden Faktor für die Vermengung von Freizeit und Krieg sieht Virilio jedoch in der Konditionierung. Um Beherrschung und Bewältigung extremer emotionaler Situationen - im Alltag einer militarisierten Gesellschaft - leisten zu können, sei der Zuschauer wieder und wieder in derartige Grenzmomente geführt worden. Somit handle es sich bei einer solchen „psychotropen Verrückung"[52] nicht bloß um ein Phänomen, bei dem die Masse ruhig gestellt werde. Vielmehr schaffe unablässiges *Bombardieren,* extrem in Form und Inhalt, einen Gewöhnungszustand, in dem der zukünftige Kriegsteilnehmer lerne, „Schocks zu routinisieren"[53], um im zukünftigen Ernstfall adäquat reagieren zu können. Da die Hauptkomponenten - militärisches Werkzeug, Feindbilder und nicht zuletzt die Angst - perpetuierend in der Erlebniswelt des Zuschauers nach Bewältigung schreien würden, verlören Luftaufnahmen und Fliegerstaffeln - medientheoretisch als *„Prothese" der Strategen* bezeichnet - sukzessive ihren Schrecken. Somit wandle sich das Wahrnehmungsfeld, das sowohl Krieg als auch friedlichen Alltag umfasst.

Diese Entwicklung sei zudem dynamisiert worden durch die Verbreitung der lichtschnellen Übertragungsmedien. So hätte etwa etwa die Radartechnologie eine „umfassende Sichtbarkeit erlaubt, die alle Hindernisse und Tarnungen überwand und den Raum transparent werden ließ."[54] Krieg sei als solcher somit universeller und globaler geworden, hätte jedoch sein Wesen von der Partizipation des Menschen eingebüßt. Dies ist ein entscheidendes Merkmal von der Entfremdung des Menschen von seiner Umwelt und gleichzeitig Beginn einer Banalisierung von Krieg mithilfe moderner Informationstechnologien. Es sind jene *Sehmaschinen*, welche in ihrer semantischen und teleologischen Verquickung untereinander die Grenzen zwischen Krieg und Unterhaltung, Satellitenfoto und Fernsehen, Drohnenblick und Kino verwischen und dies zu einem weltuntergangsgleichen Szenario werden lassen:

> Mit dem blicklosen Auge der Sehmaschinen sei das nihilistische Endstadium einer 'transpolitischen Weltsicht' erreicht, in der sich das

---

[52] Virilio zitiert nach Kloock et al., S.143.

[53] Vgl. ebd., S.144.

[54] Vgl. ebd., S.145.

Phantasma einer auch biotechnisch sich implantierenden Kybernetik globalisiere und den Raum des Körpers und der Erde prekär werden lasse. Der Horizont des Menschen könne - so Virilios kulturapokalyptischer Bescheid - allenfalls noch als negativer bestimmt und gerettet werden.[55]

An diesem düsteren Bild zeigt sich das dromologische Ausmaß vernetzter Steuerungs- und Informationssysteme, deren militärische und zivile Natur essentiell gleich sind. Das *„Transpolitische"* ist neben dem Raum-Impetus von Eroberung und Kontrolle ein wesentliches Phänomen weltweiter, gleichförmiger Massenunterhaltung, die in Wahrheit immobilisiert. Der Raum wird vor allem deshalb *prekär*, da der menschliche Körper nicht einfach als transplantatives Objekt medieninduzierter Veränderungen dienen wird. Vielmehr ist er dank der erwähnten Prozesse im Inbegriff, den Kontrollanspruch über das Erfassen, Lagern und Kommunizieren von Information zu verlieren. Nichts Geringeres als die Existenz des Menschen, wie sie heute zu beschreiben ist, steht damit auf dem Prüfstand. Sein und Umgebung würden in ihrer epistemologischen Negation zum Verschwinden gebracht. Paraphrasiert ist Virilios Idee greifbarer: Wird der Raum obsolet, ist der Mensch der nächste. In Verbindung mit dem oben beschriebenen *Dromologischen Gesetz* ergibt sich damit die Gefahr über die Verdrängung des Menschen durch die Instantaneität lichtschneller Medien.

II.vi Kulturtheoretische Einordnung

Diese kulturskeptische Interpretation von der Verflechtung von mediengeschichtlicher Beschleunigung und zivilisatorischer Entwicklung ist nicht neu. Oben wurde bereits angedeutet, daß eine ihrer erkenntnistheoretischen Quellen - die Verwendung von Medien als Handlungs- *und* Sinneserweiterung des Menschen - von Marshall McLuhan ausgebreitet worden ist. In seiner Betrachtung ihres zeitabsoluten Extrems, jenem der teletechnologischen Beschleunigung, lässt sich eine ähnlich pessimistische Bewertung finden wie in der Arbeit Virilios. Zwar ist die westliche Kulturgeschichte stets verbunden gewesen mit dem Wesen von Geschwindigkeit und Modernisierung von Mensch und Gesellschaft. Sie zudem als Werkzeug für Kulturanalyse zu benutzen - anstatt als Gegenstand bloßer Raumüberwindung von Subjekt und Information - und dies bezüglich Fragen von Mobilität, Zeit- und Raumwahrnehmung, somit politischer, sozialer und

---

[55] Tholen, S.139.

ökonomischer Ordnung zu betrachten, war auch bereits vor McLuhan und Virilio Objekt zahlreicher Studien.[56] Zudem ist die Frage von Interesse, inwiefern die Idee von Geschwindigkeit im Kontext von Kulturkritik zu verstehen ist - wie es in der Arbeit von Virilio - und ebenso in Teilen des Spätwerkes von McLuhan - zu finden ist.[57] An den dromologischen Implikationen wird eine Trennung des Sujets vom Glücksversprechen des Fortschrittsgedanken der Moderne sichtbar. Geschwindigkeit und Beschleunigung als Indikatoren eines merkantilen Wachstumsprozesses sind nicht mehr notwendigerweise der Garant von Wohlstand und Freiheit. Es ist der Paradigmenwechsel von Geschwindigkeits*besitz* zur Frage nach ihrer *Kontrolle*, was den Unterschied zwischen modernistischer und zeitgenössisch-postmoderner Erzeugung und kritischer Betrachtung von Kultur prägt.[58] Im Folgenden sollen deshalb in knapper Weise Rahmenbedingungen postmoderner[59] Kulturkritik erklärt werden.

In der Kulturtheorie kritisiert die postmoderne Philosophie die wegen eines „revolutionären Innovationszwang[es]" restriktive ästhetische Tendenz der Moderne.[60] Sie sei in ihren Einheitsperspektiven sowie mittels Leitgedanken und Glaubensrichtungen entstandenen „großen Erzählungen"[61] exklusivistisch und damit erkenntnistheoretisch nicht mehr haltbar. Jean-Francois Lyotard fasst auf diese Weise die Narrative der Aufklärung, des Humanismus sowie Vertreter des Idealismus als uniform-rationalitätsstiftende Missionen unter dem Projekt der Moderne zusammen. Gegen diese positioniere sich die Postmoderne zwar nicht - vielmehr verstehe sie sich als Teil der Moderne, dessen Krise entweder in ihrem kulturellen Anachronismus bestehe und überwunden werden müsse und/oder bereits Elemente ihrer Aufhebung beinhalte.[62]

---

[56] Vgl. Bob Hanke: McLuhan, Virilio and Speed, S.204.

[57] N.B.: Der Text von Bob Hanke eignet sich als geeignete Grundlage für eine erste Erforschung der Rezeption von Geschwindigkeit und Kulturkritik. Aufgrund des begrenzten Platzes soll jedoch auf einen möglichen späteren Zeitpunkt ausserhalb dieser Arbeit verwiesen werden, in dem dieses Themengebiet diskutiert werden könnte.

[58] Vgl. Jeremy Millar, Michiel Schwarz: Speed-Visions of an accelerated age, The Photographer's Gallery, London 1998, S.17.

[59] N.B.: John Armitage plädiert für eine *hypermoderne* Charakterisierung von Virilios Schriften. Vgl. John Armitage: Beyond Postmodernism? Paul Virilio's Hypermodern Cultural Theory, in: *ctheory*, url: http://www.ctheory.net/articles.aspx?id=133, abgerufen: 10.02.13, 19:50.

[60] Vgl. Der Brockhaus Philosophie. Lemma: „*Postmoderne*", 2. Auflage, Mannheim 2009, S.334.

[61] Vgl. Jean-François Lyotard: The Postmodern Condition, Minnesota 1984, xxiv-xxv, S.9ff.

[62] Vgl. Brockhaus, Lemma „Postmoderne".

Es wird angenommen, dass durch die Distanzierung von vereinheitlichenden (und im ästhetischen Sinne funktionalen) Dikta eine „Repluralisierung der Gestaltungsmittel" in der Postmoderne angestrebt werde, die an ihrer „polyglotten Signatur" zu erkennen sei. Gewiss sind die Charakteristika und Definitionsmöglichkeiten zahlreich, an denen sich das Verhältnis zwischen jenen beiden Kulturperspektiven entspinnt. Für die Kritik an und Weiterentwicklung von modernistischen Denk- und Handlungsweisen stellt dennoch die Kritische Theorie eine bedeutende Grundlage dar. Jürgen Habermas beruft sich in seinen Betrachtungen über die Moderne und dessen Ausblicke auf die Kulturkritik von Adorno/ Horkheimer. Sämtliche Geltungsfragen würden „in den beschränkten Horizont der Zweckrationalität sich selbst erhaltender Subjekte oder bestandserhaltender Systeme"[63] einbezogen und somit die Gefahr zur „gesellschaftlichen Regression der Vernunft" in Kauf genommen. Berücksichtigt werden müsse jedoch u.a. die jegliche Formen „sprengende Kraft ästhetischer Grunderfahrung" und deren Produktivität, welche mithilfe einer „Dezentrierung von Weltbildern" den Zwang gesellschaftlicher Konventionen und Imperative in dessen Schranken weist. Für Habermas scheint somit die Kritik an modernistischem Denken eine Frage von Reorganisation von Macht zugunsten einer Erweiterung der Handelsmöglichkeiten von Subjekt und Gesellschaft in Bezug auf Moral, Wissenschaft und Kunst.

Im Sinne Virilios interdisziplinärer Forschung ist das modernistische Diktat einer Wohlstand und Freiheit förderlichen, mit allen Mitteln zu erreichenden Beschleunigung zu kritisieren. Es wird deutlich, daß seine Beobachtungen nicht dem um jeden Preis perpetuierenden Fortschrittsgedanken einer technisierten Entwicklung der Welt, die auf stetem (Geschwindigkeits-)Wachstum beruht, folgen. Vielmehr ist die Schlussfolgerung Habermas' über Vernunftsregress auf kollektiver Ebene als ständiges Szenario in Virilios Schriften zu erkennen. Eine solche Einschätzung ist wohl Wegbereiter für das Interesse, das Virilios dromologische Medientheorie im Laufe der Jahre bei zahlreichen Akademikern geweckt hat.[64] Zwar wird Virilio - nicht nur wegen seiner erkennbaren latenten Sehnsucht nach klaren, überschaubaren gesellschaftlichen Erklärungs- und Lösungsmustern - einerseits als „Hochmodernist ohne Verbindung zu postmodernen und

---

[63] Jürgen Habermas: Der philosophische Diskurs der Moderne - Zwölf Vorlesungen, Suhrkamp, Frankfurt/Main. 1988, S.137ff.

[64] Vgl. Hanke: McLuhan, Virilio and Speed, S.206.

poststrukturalistischen Theoretikern"[65] bezeichnet. Ihre im Kern formulierte Gesellschaftskritik „repräsentiere [jedoch]den nachhaltigsten und signifikantesten Versuch seit Lewis Mumford, Marshall McLuhan, und […] Martin Heidegger."[66] Hinsichtlich seiner „radikalen" Kontextualisierung von Zeit und Politik stehe Virilio in einer Linie mit den Arbeiten Michel Foucaults, so auch jenen Walter Benjamins für dessen „induktiven, montage-artigen Ansatz der Geschichtsschreibung"[67].

Virilios Kritik des Fortschritts als maßgeblichen modernistischen Impuls wegen verdichtet sich ebenso, wenn die weltweite Vielschichtigkeit gegenwärtiger informationeller Kommunikation betrachtet wird. Zwar bedeutet Polyglottie Vielfalt, jedoch nicht im umfassenden Rahmen - sie müsste zunächst als solche erkannt werden. Dies als Ausgangspunkt für einen Prozess einer nahen, weltweiten interpersonellen Verständigung - u.a. durch Programmiersprache und mathematische Algorithmen - wahrzunehmen, kann als Merkmal eines heranbrechenden globalen Bewusstseins interpretiert werden: die totalkommunizierbare Welt, in deren ästhetisch-disparater Mitte der vernunftregressive Mensch steht. Auf diese Weise lässt sich Dromologie ebenso als Globalisierungskritik lesen. Die ursprünglich regionalisierte und träge Warentransport-Ökonomie ist erst mit der Dienstfähigkeit lichtschneller Informations- und Kommunikationstechnologien (ICT) zu jenem global dominanten Faktor für Politik, Wirtschaft und Gesellschaft geworden, den der weltweit vernetzte Markt heute darstellt:

> „Making information resonate globally, which is necessary in the age of the great planetary market, is in many ways going to resemble the practices and uses of military intelligence, and also political propaganda and its excesses."[68]

Für Virilio ist instantane Informationsvernetzung zugleich Produkt und Ursprung einer sich beschleunigenden Welt. Sie dient ebenso als Nährboden für eine Vielzahl an kulturellen Entwürfen welche sich in Echtzeit untereinander wechselwirkend beeinflussen und jene

---

[65] Steve Redhead: The Art of the Accident: Paul Virilio and Accelerated Modernity, url: http://www.uta.edu/huma/agger/fastcapitalism/2_1/redhead.html, abgerufen: 05.02.13, 16:50.

[66] James Der Derian: Einleitung, in: J. Der Derian [Hg.] *The Virilio Reader*, Blackwell, Maiden, MA 1998, S. 12.

[67] Hanke: McLuhan, Virilio and Speed, S. 206.

[68] Paul Virilio: The Information Bomb, übersetzt von Chris Turner, Verso, London 2006, S.62.

Bezugsysteme zwischen Wirtschaft, Gesellschaft und Politik dynamisieren, von denen oben die Rede ist.

II.vii   Kleiner biografischer Exkurs im dromologischen Kontext

Eine solche Zuspitzung seiner Gedanken ist durch die beständige Auseinandersetzung Virilios mit der Topik Krieg möglich geworden. Dieses Szenario sei die drohende Konsequenz, da der Vormarsch des Militärischen zuallererst die Philosophie und mit ihr Vernunft und Zivilität verdrängt habe.[69] Das medienhistorische Wesen des Krieges und dessen Auswirkungen auf den Menschen war daher seit jeher Begleitung seiner Forschungsarbeit. Virilios langjährig angelegte, phänomenologisch-dokumentarische Bunkerarchäologie[70] - eine 1975 erschienene Sammlung von Fotografien, Kartenmaterial und Essays über Bunker, Krieg und Geschwindigkeit - markiert den indirekten Beginn des Philosophen Beschäftigung mit jenem Thema. Zuvor waren es sowohl militärische Einsätze (1952: Militärdienst als Kartograph in Freiburg, 1956 im Algerienkrieg) als auch seine Positionen als Architekt und Stadtplaner, welche seinen Blick zur medienspezifischen Verbindung von Zivilisationsentwicklung und Militärhistorie bewegen liessen. Besonders im Wesen des Urbanen seien sämtliche in den vorangegangenen Abschnitten erläuterte kausale Verbindungen von Geschwindigkeit und Zivilisation zu erkennen:

> „Das Urbane definiert Virilio nämlich als das zugleich kryptische wie sichtbare Wechselspiel von Langsamkeit und Geschwindigkeit, von Seßhaftigkeit und Nomadentum, von Mobilität und Immobilismus. Die Wahrnehmungsbilder, in denen sich das Phänomen der Geschwindigkeit jenseits herkömmlicher Politik- und Geschichtsschreibung präsentiert, sind solche, die erst in einer vergleichenden Zusammenführung scheinbar unvergleichbarer Sachverhalte formulierbar werden: die Bunker als Zeichen der Beschleunigung, das endlose Warten am Terminal als Symptom ultraschneller Vehikel."[71]

---

[69] Virilio: Geschwindigkeit - Unfall - Krieg, S.12.

[70] Paul Virilio: Bunker...Archäologie, München, Wien 1992.

[71] Tholen: Geschwindigkeit als Dispositiv, S.4.

Stadtentwicklung ist somit als fester Bestandteil in der Dromologie zu sehen. Tatsächlich bildet diese, vereinfacht dargestellt, in der kausalen Kette von Beschleunigung zu politisch-gesellschaftlicher Veränderung einen integralen Faktor, der aus der Militarisierung von Beschleunigung hervorgeht und in staatlichen Herrschaftsstrukturen wiedererkennbar ist.[72] Das Urbane als dromologischen Ausdruck des Militärischen zu betrachten ist Tholen zufolge vor allem mit Kindheitserfahrungen Virilios verbunden, in denen das Trauma des Krieges - allen voran die NS-Besatzung seines Heimatortes Nantes sowie die Bombardierung durch die alliierten Kräfte ein Lebensthema geschaffen habe. Zu verdanken sei dies sowohl dem prägenden Umstand, in einem Haus gelebt zu haben, dessen unkonventionelle Architektur Virilios Familie vor Entdeckung durch die Gestapo und somit der Erschiessung bewahrt habe als auch der dauerhaften Präsenz der Bunkerarchitektur des Atlantikwalls. Vor allem letzteres markiert die biographische Methodik von Virilios Dromologie. Sie ist beständiger Ausgangspunkt für das Verbinden von vertrauten Wahrnehmungen mit jenen des Unvertrauten, aus welchen sich *dromologische Beobachtungen* ergeben lassen: der Bunker dient sowohl als Schutzraum als auch gleichermassen als Kriegssymbol einer eskalierenden Beschleunigung. Diese birgt das universale Merkmal eines totalen und „überzeitlichen *episto-technischen*" Prinzip des Krieges.[73] Bunkerstatik und die Dynamik des militärischen Blickfeldes geraten somit zu Antagonisten, zwischen deren Fronten der blickvergleichlich langsamere und weniger robuste Mensch allmählich verschwindet. Die oben beschriebene zivilisationsdrängende Verquickung von Militär und Freizeit - an den Beispielen Automobil und Kinematographie - ist auf diese Weise auf das Wesen von Kriegsarchitektur, insbesondere jener von Bunkern - erweiterbar, da diese dank ihrer Eigenschaft als „Kompressoren der Zeitwahrnehmung"[74] ebenfalls als kinematische Maschinen dromologisch gedeutet werden können, wenn sie zeitabhängig als Schutzraum oder später als Umkleidekabine genutzt worden sind. Um die Implikationen aus der lichtschnellen Vernetzung von Krieg, Information und Zivilisation betrachten zu können, soll zunächst geklärt werden, was Virilio mit dem Begriff des *Unfalls* meint. Die daraus gewonnenen Erkenntnisse sollen später helfen, die globalen Auswirkungen dromologischer Prinzipien am Beispiel ziviler und militärischer Drohnennutzung zu überprüfen.

---

[72] Vgl. Jacob Thommesen: Virilio: From Space to Time, From Reality to Image, in: *ephemera - critical dialogues on organisation*, ISSN 1473-2868, Bd. 3(2), url: www.ephemeraweb.org, abgerufen: 14.03.13, 15:59, S.148.

[73] Vgl. Tholen: S.10.

[74] Paul Virilio: Bunker...Archäologie, S.14.

II.viii Akzidenz und die *bombe informatique*:
der Unfall in der global vernetzten Welt

Paul Virilio sieht den Unfall zum einen als unweigerliche Folge menschlicher Innovation, andererseits als notwendige Disruption, welche wiederum technische Neuerungen mit sich bringt.[75] Um ein vollständigeres Bild vom Unfall zu erlangen ist es von Priorität, philosophischen Ursprung und diskursiven Hintergrund des Begriffs näher zu betrachten.

Akzidenz dient in der abendländischen Philosophie als Komplement zur Substanz. Letztere ist als das wesentlich *Seiende* zu werten, woraus *etwas besteht*. Thomas von Aquin beschreibt Akzidenz als etwas, was „kein Seiendes [sei], sondern ein zu etwas Seiendem gehörendes."[76] Seit Descartes wird der Begriff vorwiegend bei individuellen Gegenständen verwendet, deren Kategorie - Aussage oder Prädikat - die Substanz sei.[77] So könne unter Akzidenzen sämtliche nicht wesentlichen, für seine Existenz nötigen Charakteristika einer Substanz versammelt werden. Immanuel Kant beschreibt dies in seiner ersten Analogie der Erfahrung wie folgt:

> „Bei allen Veränderungen in der Welt bleibt die Substanz, und nur die Akzidenzen wechseln."[78]

Diese können sich auf unterschiedliche Prädikate, wie etwa Orts- und Zeitbestimmung, Besitz und Relation sowie Quantität und Qualität einer Technologie, Idee oder Praktik beziehen. Für Virilios Dromologie ist die Verwendung des Aristotelischen *Akzidens* im Sinne eines Systemausfalls, eines Unfalls mehr als ein Spiel mit Wort und Bedeutung. Der Unfall ist für ihn das zur Substanz eines Sachverhaltes Hinzugefügte. Zwar gehöre sein Wesen nicht zu dessen primären Informationsgehalt - jener, welcher notwendig sei, um einen Gegenstand zu beschreiben. Jedoch könne ein oben zitierter Wechsel der Akzidenzen zu einer völlig neuen Interpretation und Kontextualisierung von Idee oder

---

[75] Vgl. Eva Horn: Die Zukunft der Dinge - Imaginationen von Unfall und Sicherheit, in: *BEHEMOTH - A Journal on Civilisation* 4(2), de Gruyter 2011, S.28ff.

[76] Thomas von Aquin zitiert nach: Anthony Kenny: Thomas von Aquin, Freiburg i. Br., Herder 2004, S.63.

[77] Käthe Trettin: Einleitung, in: Käthe Trettin [Hg.]: *Substanz - Neue Überlegungen zu einer klassischen Kategorie des Seienden*, Frankfurt am Main 2005, S.1.

[78] Immanuel Kant: Kritik der reinen Vernunft, GRIN-Verlag 2009, 2.Auflage, S.93.

Gegenstand führen. Virilio nutzt demnach den Begriff des Akzidenz vielschichtig um eine Verbindung zwischen wechselhaften Attributen einer Sache und der permanenten Möglichkeit ihres Versagens zu verdeutlichen. Sein Unfallbegriff liest sich ambivalent. Das eine Mal ist er als Systemversagen zu interpretieren; an anderer Stelle als der relative, kontingente Appendix einer (hier: technologischen) Sache, welcher - völlig wertfrei definiert - unerwartet gegenüber ihrer Substanz auftritt.[79] Jedoch beklagt Virilio, daß mit Aristoteles' Bemerkung, es gäbe keine Wissenschaft des Akzidentiellen[80], ein „Prozeß der Verleugnung der Negativität in Gang gesetzt" worden sei.[81] Jedoch seien Unfälle und Systemfehler immanenter Teil technologischer Entwicklungen. Erst durch ihr Auftreten werde ihr ontologisches Geheimnis, die wahre Identität eines Gegenstandes, gelüftet.[82] Der systemversagende Unfall ist so gesehen ein Potential, welches latent vorhanden in Technologie und Kulturtechnik, zum Vorschein kommen kann, sobald die Konstellationen für ihr Auftreten günstig erscheinen:

> „Jede Technik produziert, provoziert und
> programmiert ein spezifisches Akzidens [sic], einen
> spezifischen Unfall."[83]

Demnach sei der Schiffbruch die akzidentielle Dimension des Schiffes, die Katastrophe von Tschernobyl jene der Kernkraft. Der Unfall ist dabei mahnendes Element einer jeden Technologie. Er beschreibt ihre Vergangenheit anhand erlittener Störfälle, als auch mögliche zukünftige Ausfälle. Dieser Gedanke ist insofern interessant, als daß er die Dichotomie von Akzidenz und Substanz dromologisch rekontextualisiert. Mit beispielsweise dem weltweiten Etablieren von ICT-Medien, allen voran das Internet, lebt die globalisierte Gesellschaft in steter Gefahr vor Unfällen weltweiter Verbreitung. Diese hätten aufgrund zahlloser Multiplikatoren entsprechend zerstörerische Auswirkungen auf sämtliche kulturellen Bereiche. Anders als bei Transportmedien wie etwa der Eisenbahn sei Unfällen auf elektromagnetischer und interaktiver Basis keine räumlichen Grenzen

---

[79] Vgl. Steve Redhead: Paul Virilio: theorist for an accelerated culture, Edinburgh University Press 2004, S. 46.

[80] Vgl. Aristoteles: Metaphysik, Buch VI, herausgegeben von Horst Seidl, Hamburg 1991, S.259.

[81] Vgl. Paul Virilio: Geschwindigkeit - Unfall - Krieg, in: *TAZ* vom 03.05.1986, S.12.

[82] Vgl. Paul Virilio: Der Reine Krieg, Berlin 1984, S.37.

[83] Paul Virilio: Technik und Fragmentierung - P. Virilio im Gespräch mit Sylvère Lotringer, in: Karlheinz Barck et al. [Hg.]: *Aisthesis - Wahrnehmung heute oder Perspektiven einer anderen Ästhetik*, Leipzig 1990, S.72.

mehr gesetzt. Der bereits quasi-immobile, weil medieninduziert sinnlich unmündige Mensch ist somit angesichts medialer Omnipräsenz und Echtzeit einer ebenso absoluten Gefahr ausgesetzt. Eben jene Echtzeit sei es, welche das sinnliche Habitat, die Biosphäre des Menschen dominiere und im Falle eines ICT-Disasters, beispielsweise in Form eines Datenlecks, Computervirus oder Hackerangriffs, seine Folgen auf weltweiter Ebene erfahrbar werden lasse.

Die Auswirkungen derartiger informationeller Katastrophen sind angesichts oben beschriebener fortschreitend technikgeförderten Entmenschlichung sowie globaler wirtschaftlicher Vernetzung verheerend. In Anlehnung an Gedanken Albert Einsteins über menschheitsbedrohende Explosionen - nuklear, informationell, demographisch - identifiziert Virilio das Phänomen einer echtzeitlichen, globalen Vernetzung als einen historisch einmaligen „Unfall, wie es ihn nie gegeben hat"[84] und spricht von der sogenannten Informationsbombe. Das vergleichsweise drastisch wirkende Bild dient der Versinnbildlichung von autonom wachsenden Datenwelten, welche aus sämtlichen Lebensbereichen genährt werden und jeglicher Kontrolle entgehen. Wie oben beschrieben benutzt Virilio den Akzidenzbegriff vielschichtig und ambivalent. Nicht nur ist damit die Material und Menschenleben fordernde Katastrophe gemeint. Zudem sei gleichermaßen jede Disruption einer neuen Technologie akzidentiell für ihre Umwelt zu bewerten - nicht nur durch ihre mögliche Dysfunktionalität, sondern auch und vor allem dank der Auswirkungen ihrer Erfolge und Einflüsse. Der Unfall „belichtet die Welt"[85], dank seiner Möglichkeiten, Ideen und Technologie bezüglich Kontrollverlust und Missbrauch aber auch neuartiger Umgangsformen zwischen Mensch und Medien entsprechend neu zu evaluieren.

---

[84] Vgl. Paul Virilio: Die Informationsbombe, im Gespräch mit Friedrich Kittler, Transkript einer ARTE-Ausstrahlung im November 1995, url: http://www.jcpohl.de/texte/virikitt.html, abgerufen am 24.01.13, 20:08.

[85] Vgl. Paul Virilio: Der negative Horizont, Hanser Verlag, München 1989, S.144.

Characteristic Features	Chronological Time	Chronoscopic Time
Temporal Sense-Making	Historical time, narrative time (before, during, after)	Instantaneity, exclusive present (underexposed, exposed, overexposed)
Perspective	Linear perspective Space as extension Geometric perspective based on physical horizon and terrestial landscape Global vs. local time	Real-time perspective Despatialization –collapse of distance and extension Telemetry and digitization based on virtual horizon of the image "Glocal" time
Limit speed	Relative speed of geographic transport	Speed-of-light transmission
Aesthetic	Concrete presence against an apparent horizon	Telepresence, trans-appearance, loss of horizon, distortion in "depth of field"
Political Time	Tyranny of distance	Tyranny of real time
Social Trend	General mobilization (Physical transport)	Growing inertia (Remote control action)
Ecological Concern	Degradation of natural environment Pollution of biosphere Local accidents	Degradation of collective imagination and memory Pollution of temporal ecology Globalized accidents
Major Psychological Disorders	Spatial alienation, psychosis, and depression	Temporal alienation, nihilism, distortion of reality principle

Abb. 1: Ausprägungen kultureller Orientierung bei chronologischer und chronoskopischer Zeit

Die zuvor beschriebenen beschleunigungsinduzierten Prozesse sind zusammenfassend mit dem Wechsel von Zeitwahrnehmung in Verbindung zu bringen. Virilio spricht in diesem Zusammenhang von der Umstellung von chronologischer zu chronoskopischer Zeit (siehe Abb.1). Seien im Zustand des Chronologischen linear-kausale Abfolgen erkennbar gewesen, die im Umfeld der *„Tyrannei des Raumes"*[86] physischen Transport in einem geographischen Umfeld nötig gemacht hätten, entstehe mit der chronoskopischen ein Diktat der Zeit. Dessen oben bereits beschriebene Auswirkungen seien von weitreichender, da epistemologischer, ästhetischer, politischer und sozialer Natur, da das chronologische Diktum (*Vergangenheit - Präsens - Zukunft*) die Mutation des Visuellen erfahre (*Unterbelichtung - Belichtung - Überbelichtung*) und das bildunterstützte *Jetzt* auf diese Weise zum Angelpunkt aller Erfahrung werde.[87] Das Sofortige sowie der damit verbundene Kollaps des Raumes führten im Zuge der dromologischen Prinzipien zur

---

[86] Vgl. Ronald E. Purser: The Coming Crisis in Real-Time Environments: A Dromological Analysis, Paper zur Academy of Management conference, Abteilung Organisation Management & Theory, Toronto August 2000, Best Paper Proceedings, S.5f.

[87] Vgl. Paul Virilio: Open Sky, Verso, London 1997, S.28.

fortwährenden globalen, somit auch akzidentiellen Informationsflut auf die menschliche Existenz und damit zur allgemeinen Regression des Persönlichen. Als Folge sei zeitliche und realitäre Verzerrung zu erwarten, welche in gesellschaftlicher und individueller Negation münde.

II.ix Dromologie im Jetzt:
Überprüfung des dromologischen Konzeptes

Die oben getroffenen Beobachtungen über das dromologische Wesen von Gesellschaftsgeschichte sollen im folgenden Abschnitt mit einer ausgewählten technologischen Entwicklung überprüft werden. Da Virilio zivilisatorische Entwicklung an jene von Medien koppelt, ist es daher von Priorität, ein kontemporäres Medienphänomen zu betrachten, um etwaige Implikationen aus seiner Forschung in der Gegenwart erkennen zu können. Wie im vorherigen Abschnitt beschrieben, betrachtet Virilio die für gesellschaftsgeschichtliche Entwicklung bedeutsame epistemologische Entfaltung des Menschen mithilfe einer militärischen Dimension: jener der Beherrschung von Information in Raum und Zeit. Da eine der Grundannahmen Virilios jene des militärischen Fundaments für Innovation und Entwicklung von Medien und Kultur ist, soll daher in besagtem Bereich nach möglicher Bestätigung seiner dromologischen Thesen geforscht werden.

Im gegenwärtigen Diskurs über die Wechselwirkungen von Medien und Menschen als deren Schöpfer sind Technologien besonderer Betrachtung wert, die sich aufgrund ihrer weitreichenden und mannigfaltigen gesellschaftlichen Auswirkungen als *transformative Technologien* identifizieren lassen. Zu diesem Begriff existiert eine Vielzahl an Positionen, da hinsichtlich seiner Zuordnung zu spezifischen Medien mitunter kontrovers diskutiert wird. Aus Platzgründen sollen diese an dieser Stelle nicht weiter erörtert werden. Jedoch ist es notwendig diesen Begriff in Verbindung mit einer dromologischen Medienüberprüfung anwenden zu können, da er als Teil des zuvor beschriebenen Nexus aus Mediengenese und epistemologischen somit „weitreichenden sozialen, ökonomischen und politischen Veränderungen"[88] zu erkennen ist. In dieser Arbeit sollen daher folgende Bedingungen genannt werden: Im weitesten Sinn können Technologien als transformativ beschrieben werden, sobald diese

---

[88] Vgl. Scott McQuire: Virilio's Media as Philosophy, in: John Armitage [Hg.] *Virilio Now*. Current Perspectives in Virilio Studies, Polity Press, Cambridge 2011, S.93f.

a) vielseitig und für multiple Zwecke anwendbar sind,

b) einen weitreichenden Einfluss auf große Teile von Gesellschaft und Ökonomie ausüben,

c) starkes Potential für Optimierung besitzen,

d) in Verbindung mit anderen Technologien in hohem Maße systemisch komplementär sind,

e) nachhaltig Werte, Machtstrukturen und Ideenbildung beeinflussen.[89]

Oben beschriebene Kriterien sind anwendbar für eine Vielzahl von gegenwärtigen Technologien. Einige von Ihnen - etwa Smartphones - sind bereits in der Mitte der Gesellschaft als willkommene, alltägliche informationelle Helfer etabliert. Andere - wie etwa 3D-Drucker - sind noch nach wie vor überwiegend als Forschungs- und Großindustrieobjekte aufzufinden und führen bislang ein Nischendasein. Erste Produkte erscheinen zwar bereits auf dem Markt, jedoch zu verhältnismäßig hohen Kosten, so daß für eine zukünftige, gesellschaftlich breitgefächerte Akzeptanz zusätzliche Mittel investiert werden müssten. Angesichts einer bereits multimedial[90] umfangreich stattfindenden Debatte[91][92] über ihre vielseitigen gesellschaftlichen Implikationen soll deshalb an dieser Stelle das Gebiet der Drohnentechnologie im Vordergrund stehen, die zu den genuin transformativen Technologien des vergangenen Jahrzehnts gezählt werden.[93] Im Folgenden soll es einen Abschnitt zur Begriffserläuterung geben bevor die zuvor gesammelten Erkenntnisse über die Dromologie Paul Virilios mit den Auswirkungen besagter Technologie in Verbindung gebracht wird. Dabei wird erkennbar, daß die oben formulierten Kriterien für transformative Technologien erfüllt werden sowie die von Virilio genannten dromologischen Erkenntnisse in gegenwärtiger Form und Nutzung jener sogenannten *unmanned aerial vehicals* (UAV) wiederzufinden sind.

Das Akronym bezieht sich auf wiederbenutzbare Flugobjekte verschiedener Größen, die ohne einen sich an Bord befindenden Piloten auskommen, da dieser das Gerät

---

[89] Vgl. Bill Woodley: The Impact of Transformative Technologies on Governance: Some Lessons from History, Institute on Governance, Ottawa 2002, S.2.

[90] Vgl. Google Search, Suchwort: „*debate drones*", url: bit.ly/YvOYQE, abgerufen am 26.02.2013, 16:06.

[91] Vgl. Nick Paumgarten: Here's Looking At You, in: *The New Yorker* #19/12 (14.05.12), Condé Nast, New York 2012, S.46ff.

[92] Vgl. Lev Grossman: Drone Home, in: *TIME Magazine* 181(5), New York 2013, S.20ff.

[93] Vgl. ebd.

funkferngesteuert operiert oder mithilfe von Algorithmen autonome Navigation unter Berücksichtigung von meist satellitengestützten Koordinaten erfolgt. Aus diesem Grund sind auftriebsinduzierte Luftschiffe, ballistische Raketen, Cruise Missiles oder ähnliche Flugkörper nicht in diese Kategorie einzubeziehen.[94]

Die Geschichte unbemannter, fern steuerbarer Fluggeräte ist ähnlichen Alters gegenüber jener der bemannten Luftfahrt, da 1918 - knapp fünfzehn Jahre nach Orville Wrights erstem erfolgreichen Flugversuch - ein pilotenloses Vehikel abhob. Jedoch gab es bereits Ende des 19. Jahrhunderts bereits Versuche, Vehikel aus der Ferne kontrollieren zu können, wie aus einem von Nikola Tesla 1898 angemeldeten Patent über ein funkferngesteuertes Boot hervorgeht.[95] Seitdem wurden UAV regelmäßig für militärische Zwecke benutzt und weiterentwickelt. Im ersten Weltkrieg liess das US-Militär unbemannte, gyroskopisch balancierte Doppeldecker bauen, welche nie zum Einsatz kommen sollten. Mit Beginn des zweiten Weltkrieges war die Technologie derart vorangeschritten, daß Drohnen in der Kriegsproduktion berücksichtigt und - mit mäßigem Erfolg - eingesetzt wurden. Seit dem Vietnamkrieg war ferngesteuerte Aufklärung durch UAV ein fester Bestandteil militärischer Aktivitäten. Der erste sogenannte *Predator-Strike* - ein funkgesteuerter Angriff einer gleichnamigen Drohne - erfolgte 2001 im Krieg in Afghanistan. Dieses Ereignis ist als eine Zäsur moderner Kriegsführung sowie hinsichtlich der Wahrnehmung des Menschen in seiner Umgebung zu sehen, da es zugleich den „frühesten Moment markiert, in welchem jemand Waffen in ein wiederbenutzbares Flugobjekt installiert hat."[96] Seitdem sind Angriffe und Beobachtung durch UAV in Kriegsgebieten zum Standard US-amerikanischer Militärpraxis avanciert,[97] so daß der Begriff des *Drohnenkrieges* fester Bestandteil des öffentlichen Diskurses geworden ist.[98]

---

[94] Vgl. Timothy H. Cox et al.: Civil UAV Capability Assessment -Draft Version- NASA Report, Dezember 2004, url: http://www.nasa.gov/centers/dryden/pdf/111761main_UAV_Capabilities_Assessment.pdf, abgerufen: 10.03.2013, 14:15.

[95] Anthony Finn, Steve Scheding: Developments and Challenges for Autonomous Unmanned Vehicles: A Compendium, Springer 2010, S.7.

[96] David Schneider: Drone Aircraft: How the Drones Got Their Stingers - Unmanned aerial vehicles come of age, in: *IEEE Spectrum*, url: http://spectrum.ieee.org/robotics/military-robots/drone-aircraft-how-the-drones-got-their-stingers/0, abgerufen am 10.03.2013, 17:45.

[97] N.B.: Allein in Pakistan sind nach einer 2004 publizierten Studie der britschen Non-Profit-Organsisation *Bureau of Investigative Journalism* bis zu 3581 Menschen durch Drohnenangriffe der US-amerikanischen Streitkräfte getötet worden. Vgl. Christopher Hird [Hg.]: Covert War On Terror - The Datasets, in: url: http://www.thebureauinvestigates.com/category/projects/drone-data/, abgerufen am 22.03.2013, 21.46.

[98] Vgl. Google Search, Suchwort „*drone war*", url: bit.ly/13ApicB, abgerufen am 11.03.2013, 14:43.

Obgleich es sich lohnen würde, ethische Parameter im Sinne eines Für und Wider einer solchen Praxis dromologisch auszuloten, soll sich hier lediglich mit den Ansätzen einer medienepistemologischen Interpretation der Nutzung von besagter Technologie beschäftigt werden.

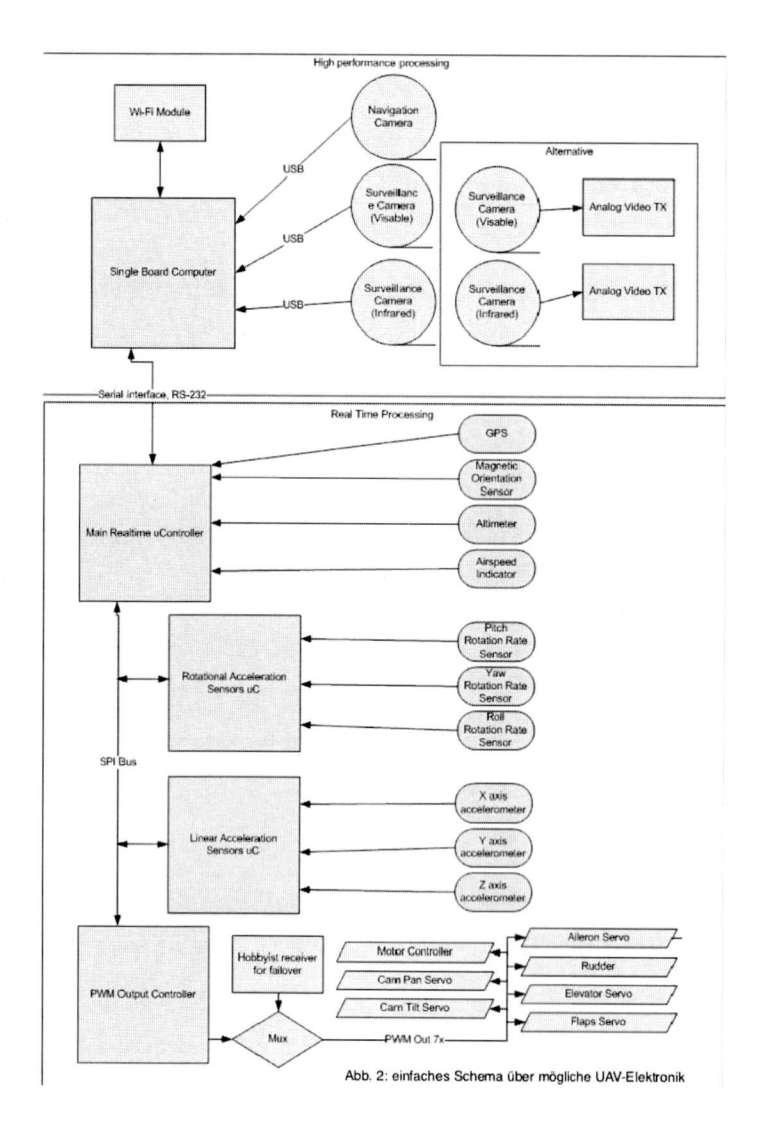

Abb. 2: einfaches Schema über mögliche UAV-Elektronik

Erst seit kurzer Zeit sind Kosten und gesellschaftliche Rahmenbedingungen derart günstig, daß solcherlei Flugobjekte ebenfalls für den zivilen Gebrauch umfassend eingesetzt werden können und das transformative Potential von UAV-Technologien somit auf multiplen Ebenen wahrnehmbar wird.[99] Aufgrund der Vielzahl an Design- und Funktionsausprägungen ist Drohnentechnologie mit dem Nimbus einer nicht zu unterschätzenden Vielseitigkeit behaftet. Beobachtungen und Messungen sind in großem Maße möglich, darunter in folgenden Gebieten und Disziplinen (Auswahl): Ozonschicht,

---
[99] Vgl. Grossman: Drone Home, S.20.

Luftverschmutzung, Küstengebiete, Wälder und Brände, Vegetationswachstum, Gletscher, Schneebedeckung, Polargebiete, Flüsse und Meere, Meteorologie, Verkehrsaufkommen, Industriekomplexe, Pipelines und Stromnetze, Messungen von Gravitation und Magnetfeld der Erde. Gleichermaßen aktiv eingreifen - sofern mit entsprechender Technologie ausgestattet - können UAV bei u.a. Rettungsoperationen nach Unfällen und Naturkatastrophen, im Logistik- und Transportbereich sowie in der Landwirtschaft bei der Besprühung durch Düngemittel.[100] Die Einsatzmöglichkeiten scheinen bei gegenwärtigem Entwicklungsstand kaum absehbar. Als wahrscheinlich gelte jedoch der umfassende Einfluss, den die Technologie auf zahlreiche Lebens- und somit auch Wahrnehmungsbereiche ausüben wird.

II.x   Dromologische Überlegungen zu UAV

Grundsätzlich birgt Drohnentechnologie das Prinzip des *Unterwegs-sein* - jener Basis dromologischer Betrachtungen Virilios. Kontrolle von Territorium durch das schiere Erreichen und mögliches Analysieren von Umgebungen wird mithilfe von UAV binnen kürzester Zeit zur Realität. Ein Teil der rezeptiven und produktiven Mittel des menschlichen Körpers wird dabei auf das Medium ausgelagert, so daß dieser hinsichtlich Wahrnehmung und Gestaltung - im Sinne Mcluhans - erweitert wird:

> „A drone isn't just a tool; when you use it you see and act through it - you inhabit it. It expands the reach of your body and senses the same way the Internet expands your mind."[101]

Eine derartige Expansion findet global und aus diesem Grund sofortig statt, da mithilfe lichtschneller Telemetrie gesteuert und ausgewertet wird. Durch das Wegfallen physiologischer Widerstände und unüberwindbarer geographischer Hindernisse dank Funkübertragung ist es heute möglich von jedem Punkt der Erde eine Information an jeden weiteren Punkt zu übermitteln - vorausgesetzt die notwendige Technologie für Sendung und Empfang sowie Ausführung ist an beiden Orten vorhanden. Für die Kontrolle von Territorium ist eine lichtschnelle Technologie, welche mithilfe von Überschallantrieben binnen kürzester Zeit Operationen kommunizieren kann, daher von erheblicher

---

[100] Vgl. Kenzo Nonami: Prospect and recent research and development for civil use autonomous unmanned aircraft as UAV and MAV, in: *Journal of System Design and Dynamics* 1(2), The Japan Society of Mechanical Engineers 2007, S.127.

[101] Grossman: Drone Home, S.20.

Bedeutung. Für Virilio ist ist ein ICT-gesteuerter Militärapparat Ausdruck einer instantanen Welt, welche nicht bloß das transformative Ausmaß lichtschneller Informationsmedien erfährt sondern in ihrer Substanz gar allumfassend lichtschnell werde[102]. Das Prinzip von unbemannten Militärflugkörpern sei hier „intrinsisch verbunden mit der Entwicklung der *Sehmaschine*". Wie sämtliche Informationen werden jene des Bildes in den Bereich des Zeitkritischen, Echtzeitigen getrieben und als Kapital, als bevorteilenden Faktor im Wettbewerb um den schnelleren Blick gewertet. Zwar seien Drohnen und Cruise Missiles mit Radar- und Kartensystemen ausgestattet. Jedoch würden spezielle Situationen das Miteinbeziehen menschlichen Urteils- und Steuerungsvermögens verlangen, so daß heute überwiegend mithilfe der Mittel der Kinematographie und ihrer scheinbar inszenierten Welten militärische Aktivitäten realisiert würden. Es sind jene Welten, die seit einigen Jahrzehnten ihren festen Platz in den Massenmedien gefunden haben. Militärische Geschehnisse werden zu weltweiten Medienereignissen gleichzeitiger Ordnung und tragen somit zur Prägung unserer Wahrnehmung hinsichtlich eines globalen, multifacettierten Bewusstseins bei. Die objektbezogene Welt wird auf diese Weise mit jener der Bildgebung substituiert, bei welcher ihr Grad an Authentizität und Simulation nicht mehr ohne Weiteres festgestellt werden kann.

Virilio bezeichnet Operation Desert Storm und den Kosovo-Krieg als Paradigmenwechsel in der modernen Kriegsführung. Ersteres bezeichnet er treffend als „lichtschnellen Krieg", welcher als Symbol für die Überwindung von Entfernung sowohl im militärischen als auch zivilen Bereich stehe.[103] Zuvor war es noch der Raum, welcher als signifikante, zu kontrollierende Entität im Mittelpunkt kriegerischer Auseinandersetzungen stand. Dieser wurde mithilfe von Festungs- und Bunkeranlagen vor dem feindlichen Eindringen gesichert. Im Gefüge dromologischer Forschung sei der Eindruck von einer urbanen Einheit des befestigten Europa während des Zweiten Weltkriegs als Blaupause für dessen Betrachtungen über medieninduzierte Stadt- und Gesellschaftsentwicklungen entstanden.[104] Die infrastrukturellen Charakteristika der Siedlung sei somit seit jeher der Angelpunkt territorialer Kriegsführung gewesen. Jene Betrachtungsweise habe sich schrittweise seit 1945 in Richtung einer globalen, da non-territorialen, videounterstützten verlagert und Anfang der 1990er Jahre im Zweiten Golfkrieg - unterhaltungsmedial als

---

[102] Vgl. Virilio & Armitage: The Kosovo War Took Place in Orbital Space, url: http://www.ctheory.net/articles.aspx?id=132, abgerufen: 05.03.13, 16:24.

[103] Vgl. ebd., abgerufen: 05.03.13, 16:50.

[104] Vgl. Virilio & Armitage: The Kosovo War Took Place in Orbital Space, abgerufen: 05.03.13, 17:05.

weltweit zugängliches, unmittelbares *Live*-Ereignis[105] - bzw. gegen Ende des Jahrzehnts im belagerungs- und blockadefreien Luftkrieg der NATO-Streitkräfte im Kosovo. Durch quasi-echtzeitschnelle, satellitengesteuerte Beobachtungs- und Waffensysteme spaltet sich die Charakteristik der Kriegsführung vom tatsächlichen Ort der Handlungen ab: der Krieg wird *virtuell*.[106] Im Wortsinne, d.h. hinsichtlich der *Fähigkeit zu wirken*, ist Virtualität somit heute von hoher Priorität angesichts einer zeitabhängig absoluten Verbreitungsgeschwindigkeit von Bildern.[107] Dem Historiker Gerhard Paul zufolge sei Bilderzeugnissen ein realitätsgenerierendes Potential zuzusprechen, da öffentliche Ereignisse bzw. deren Plastizität im kollektiven Bewusstsein vordergründig durch den mit dem Bild verbundenen „performativen Akt" erlebt würden:

> „[Bilder] sind mehr als Medien, die unter Nutzung ihres ästhetischen Potenzials Deutungen transportieren oder Sinn generieren; Bilder verfügen auch über die Fähigkeit, Realitäten allererst zu erzeugen. In diesem Sinne kommt ihnen […] energetische und generative Potenz zu."[108]

Diese buchstäblich schöpferische Kraft ist gleichsam als epistemologische Bestätigung der oben beschriebenen McLuhan-Richtlinie zu verstehen: Medien als körperliche Extensionen des Menschen sind es, welche Realitäten als solche schaffen. Im Sinne Virilios Beobachtungen über dromologischen Ursprünge der Urbanität könnte sich kommende Stadtplanung demnach unter dem weitreichenden Einfluss von Drohnentechnologie ebenso verändern, wie es angesichts neuer Medien seit jeher geschehen ist. Sind Bunker- und Wallanlagen als Reaktion auf ballistische Waffen zu verstehen, ist heute ein UAV-induzierter urbaner Transformationsprozess ähnlich denkbar. Der potentiell ubiquitäre Luftraum als exponentialisiertes Territorium ist angesichts möglicher Bedrohungen durch Überwachung und Kontrolle längst gefährdet und Gefahr zugleich. Möglicherweise ergeben sich daraus Folgerungen bezüglich neuer Lebensweisen, deren zukünftige städtebauliche und architektonische Inkarnationen eine weniger exponierte Art darstellen. So sei auf dieser Grundlage die urbane Erschließung

---

[105] Paul Virilio im Gespräch mit Louise Wilson: Cyberwar, God and Television: Interview with Paul Virilio, url: http://www.ctheory.net/articles.aspx?id=62, abgerufen: 07.03.13, 17:17.

[106] Ebd.

[107] Vgl.: Virilio: Revolutionen der Geschwindigkeit, S.28.

[108] Gerhard Paul: Visual History - Forschungsfelder, Begriffe, Leistungen, Desiderata, url: http://docupedia.de/zg/Visual_History, abgerufen am 08.03.13, 16:23.

des Erdreiches denkbar. Auch scheint eine Intensivierung des Bewegens infrastruktureller Elemente aus dem Physischen ins Digitale wahrscheinlich, um in der Virtualität zumindest vor scheinbar omnipräsenten, Raum einnehmenden Maschinen Schutz zu finden.

Desweiteren schafft jene Art grenzenloser, da globaler Kommunikationskultur die Grundlage für eine entsprechend grenzenlose Kriegsführung. Da ein Konflikt potentiell an jedem Punkt auf der Erde mithilfe von Drohnentechnologie austrag- und spürbar ist - wenngleich die einzelne Ausübung punktueller Natur ist - kann von einer global operierenden Kriegsführung geredet werden, welche spätestens seit der ersten *Predator*-Operation 2001 zum militärischen Alltag gehört. Somit herrscht - zumindest im Virtuellen - eine neue Art von Weltkrieg, da heute überall und sofortig ein Kriegsschauplatz entstehen kann, ohne Berücksichtigung völkerrechtlicher Bindungen und Genzen sowie unter Verweis auf eine allgemeine Verlagerung in Richtung asymmetrische Kriegsführung[109]. Dieses akzidentielle Charakteristikum weltweiter informationeller Vernetzung - UAV-Medien im Speziellen - ist als Beispiel für Virilios Konzept vom globalen Unfall zu nennen. Für die menschliche Auffassungsgabe unüberschaubare Datenmengen, welche im Sinne einer explodierenden Informationsbombe die Grundlage mondialer Akzidenz bilden, sind durch Personen nicht mehr adäquat prozessierbar[110]. Was bleibt, ist die zivile und militärische Verdrängung des Menschen aus seinem physischen Habitat in Richtung Virtualität - hervorgerufen durch sowohl komplexe Algorithmen als auch unbemannte Flugkörper als deren Steuerungsgrundlage. Die Drohnentechnologie kann auf diese Weise gleichermaßen als Ausdruck und Ursprung jenes Phänomens wahrgenommen werden. Aus der drohenden Machtlosigkeit des Menschen gegenüber der von ihm geschaffenen Welt heraus plädiert Paul Virilio daher für die Sensibilisierung von technologischer Akzidenz und fordert die Errichtung einer *Universität des Unfalls*.[111] Ob als tatsächliche Institution oder lediglich konzeptionell verstanden: Eine solche Einrichtung wird als Ruf nach Regulation interpretiert, welche die „Konzentration auf die [ursächliche Konstellation beteiligter] Systeme und deren Versagen"[112] als Grundlage versteht. Es sind jene Systeme

---

[109] Vgl. Jordan J. Paust: Self-Defense Targetings of Non-State Actors and Permissibility of U.S. Use of Drones in Pakistan, in: *Journal of Transnational Law & Policy* 19(2), Florida State University 2010, S.237.

[110] Vgl. Richard A. Lanham: The Economics of Attention: Style and Substance in the Age of Information, University of Chicago Press 2006, S.6f.

[111] Vgl. Paul Virilio: The University of Disaster, Polity Press 2010, S.119ff.

[112] Steve Redhead: The Art of the Accident - Paul Virilio and Accelerated Modernity. url: http://www.uta.edu/huma/agger/fastcapitalism/2_1/redhead.html, abgerufen: 05.03.13, 14:23.

einer dromologischen Ordnung, welche zahlreiche gesellschaftliche Disruptionen mit sich bringen, wie etwa eine der Jurisprudenz hinsichtlich Fragen des Kriegsrechts und der Privatsphäre. Die dromologische Konsequenz - der schließliche Verlust unmittelbar physischer Kontrolle über Sinneseindrücke und Schaffen von realitärer Substanz - erschließt sich vollends, sobald ein umfassender Einblick in das kulturell-transformative Spektrum von UAV-Technologien gewagt wird und was hier nur im Ansatz geschehen kann.

Angesichts der oben skizzierten erkenntnistheoretischen Implikationen von lichtschneller und globaler Informationskontrolle ist am ausgewählten Beispiel das Denkbild der *Ästhetik des Verschwindens* ebenfalls anwendbar - die Transformativität der Drohnentechnologie ist eine dromologische. Der Mensch geht verloren hinter seinen Medien und mit ihm eine Realität, welche sich zuvor aus unmittelbar körperlicher Gestaltungskraft und einer damit einhergehenden analog-physischen Latenz gespeist hatte. Die Sorge um einen sich abzeichnenden Erkenntnis- und Kontrollverlust, der mit der Verbreitung von Drohnentechnologien einhergeht, ist bereits im Alltag spürbar:

> Drones bring that asymmetrical dynamic out into the real world: a drone is the physical avatar of the virtual presence of a real person. They provoke a new kind of anxiety, quite unlike the nuclear terror of the 1980s or the conspiracy-theory paranoia of the 1990s. They're a swarming, persistent presence, low-level but ubiquitous and above all anonymous.[113]

An dieser knappen Beschreibung zeigen sich die oben postulierten militärischen und zivilen Implikationen der dromologischen Beobachtungen Virilios in ihrer düsteren Fülle. Die potentiell fortwährende Präsenz von UAV wird von den Umständen gespeist, als flexibles Fluggerät ohne Schwierigkeiten eine Vielzahl an Orten zu erreichen als auch über lichtgeschwinde Kommunikation jede Information, welche das Gerät erfasst und ausführt, an beliebige Punkte auf der Erde zu senden. Dass mit einem vergleichsweise begrenzt ausgestattetem Wahrnehmungs- und Gestaltungsapparat vor dieser anonymen und Allgegenwart allgemeines Unbehagen in der Öffentlichkeit entsteht, ist vordergründig an jener eklatanten Asymmetrie zwischen Mensch und Maschine erklärbar. Gemäß der These vom *Dromologischen Gesetz* ist dieser Umstand ein Indiz für die - ob *nur* hinsichtlich seiner Wahrnehmung oder als faktische Feststellung - Verdrängung des obsolet

---

[113] Grossman: Drone Home, S.23.

gewordenen Menschen aus dessen Umwelt. Jedoch ist diese Umwelt ebenfalls im Inbegriff fortwährender technologischer Veränderung. Somit ist es lediglich der *alte Mensch*, welcher verschwunden sein wird, langsam evolvierend und ersetzt durch neue Generationen, welche sich den von ihren Vorgängern geschaffenen Verhältnissen umfassend angepasst haben werden: politisch, ökonomisch und sozial. Diese technologie- und zukunftsaffine Lesart der Dromologie ist als Gegenmodell der dystopischen Interpretation Virilios zu verstehen. In beiden steckt bereits genug Gegenwärtiges, daß sie in der Zukunft wiederzufinden sein werden. Das Ausmass der notwendigen, breiten Sensibilisierung für die Implikationen von Beschleunigung wird wohl als Indikator dienen, in welchem Verhältnis jene Entwürfe zueinander stehen werden.

III. Schlussbetrachtungen

III.i   Arbeitsthema

Aufgabe der vorliegenden Arbeit war es, die wesentlichen Kernpunkte von Dromologie - der Medientheorie Paul Virilios - zu präsentieren und einer spezifischen gegenwärtigen Technologie (hier: jene der unbemannten, fernsteuerbaren Flugobjekte [UAV]) gegenüberzustellen. Es sollte dabei überprüft werden, inwiefern dromologische Aspekte heute bereits abseh- oder gar wahrnehmbar sind. Die gesammelten Erkenntnisse sollten daher sowohl eine skizzenhafte Momentaufnahme medienepistemlogischer Art sein als auch die Möglichkeit eines Einblicks in etwaige zukünftige Entwicklungen des Verhältnisses *Mensch - Medium/Maschine* geben.

III.ii   Kurze Zusammenfassung der Erkenntnisse

Ein zentraler Aspekt jener Betrachtungen gestaltete sich in Form der anfangs dargestellten erkenntnistheoretischen Zustandsbeschreibung in Zeiten lichtschneller Kommunikationsmedien wie sie später auch dromologisch konnotiert im Unterkapitel *Medienrevolutionen* zu finden ist. Dabei ist - als Prämisse für die Arbeit - auch die Verschiebung von räumlicher zu zeitlicher Kritikalität erwähnt worden. Als Ausgangspunkt dienten dazu in der Einleitung getroffene Beobachtung über vorhandene Zusammenhänge zwischen dem Wesen von Geschwindigkeit und Realitätskonzepten. Die daraus resultierende Erkenntnis, Beschleunigung als medienepistemologisches Forschungsfeld zu sehen, bildete den grundlegenden Impuls, sich mit dem Wesen der Dromologie und ihren Auswirkungen zu beschäftigen.

Im Kern steht Virilios Feststellung, medieninduzierte Beschleunigung sei als Motor von Gesellschaftsgeschichte und Innovation zu verstehen. Diese habe eine unverkennbare politisch-militärische Dimension, da der Mensch beständig mithilfe von Medien *unterwegs* sei. Er habe sich etwa des Pferdes, der Burg[114] oder Automobils bedient, um territoriale Machtansprüche zu artikulieren. Aus diesem Wettlauf heraus habe sich somit die Geographie respektive der u.a. zeitliche Grad ihrer Durchschreitung als herrschaftsrelevantes Kontinuum entspannt. Der Transport von Information sei physisch mit dem Überbringer - bei historisch narrativer Zeitwahrnehmung und linearer Raumausdehnung - gekoppelt gewesen, das Verhältnis zwischen Subjekt und Objekt ein relatives, fest lokalisierbar in Raum und Zeit. *Akzidenzen*, ob als schlichtes Substanzkomplement oder tatsächliche Systemausfälle, hätten lokale Auswirkungen gehabt. Mit der *Revolution der lichtschnellen Übertragungsmedien* hätten sich sich jedoch Perspektive und Wahrnehmung auf radikale Weise in Richtung Instantaneität von (Informations-)transport, damit einhergehenden Kollaps des Raumes und in Realitätsverzerrung/-negation, als *Ästhetik des Verschwindens* bezeichnet, verschoben. Autark-analoge Medien wie etwa Stift und Papier würden daraufhin dem *dromologischen Gesetz* zufolge sukzessive Obsoleszenz, d.h. Verdrängung (u.a in alltags- und unterhaltungsspezifische Bereiche) aus machtrelevanten (in Form industrieller, informativer, militärischer oder politischer Eliten) Bereichen erfahren. Dieser Prozess kann ebenso verstanden werden als Begleiterscheinung des Übergang von der Industrie- zur Servicegesellschaft, in welcher Information als Ware nicht notwendigerweise als physische Komponente transportiert wird. Aufgrund des beschriebenen Triumphes des *Jetzt* über das *Hier* - verliere der Mensch die relativ-raumzeitlichen Bezugspunkte und somit Kontrolle über Sinn- und Gestaltungsfähigkeiten seiner selbst. Im Vergleich mit zeitabsoluter Präzision seiner medialen Schöpfungen drohen ihm somit ebenso Obsoleszenz durch den Verlust von Wirklichkeit, perpetuiert als permanenter *globaler Unfall* der ICT-Medien.

---

[114] N.B.: Hier sind nach Virilio Maße und Standfestigkeit des Gemäuers hinsichtlich Blickerweiterung oder drohender ballistischer - das heisst auch *hochgeschwinder* - Zerstörungskraft entscheidend. Demnach sind urbane Strukturen im dromologischen Sinn u.a. fixierte Reaktionen auf beschleunigte Medienentwicklung und die Grenzen des eigenen Körpers.

Für die Überprüfung der gewonnenen Erkenntnisse über gegenwärtige Ausprägungen dromologischer Charakteristika ist UAV-Technologie gewählt worden. Es schien dabei von besonderer Bedeutung, Medien mit *transformativem* - d.h.: mit weitreichendem Potential für Disruption und Veränderung - Charakter zu betrachten. Außerdem sollten lichtschnelle Transmissionsmedien (hier die Grundlage für Funk- und GPS-Fernsteuerung sowie den Versand gesammelter Daten) eine wesentliche Rolle spielen, ohne die jene zahlreichen Einsatzbereiche nicht möglich sind. Demnach waren der hohe Grad an Versatilität sowie durch allmählich sinkende Herstellungskosten hervorgerufene wachsende Zugangsmöglichkeiten für den Massenmarkt zusätzliche Gründe für diese Wahl.

Es hat sich gezeigt, daß wesentliche Faktoren und Grundlagen der dromologischen Medientheorie Paul Virilios auf dem Feld der Drohnentechnologie zutreffend sind. Zunächst ist die Idee vom *Unterwegs-sein* des Menschen - vordergründig in Bezug auf Ausbau von Kontrolle über Territorien - wiederzufinden. Mithilfe eines am Gerät installierten Kameraauges und auf einen Bildschirm transferierte Daten nimmt der fernsteuernde Pilot die visualisierten Informationen auf, welche das Gerät über seine Sensorik sammelt. Das Prinzip einer Sinneserweiterung nach McLuhan dient hier als epistemologische Folgerung. Nicht nur der Körper des Lenkers, sondern ebenso sein Bewusstsein verbindet sich mit dem über Funk und Satellitensteuerung koordinierten Ausführungen des Vehikels. Gleichermaßen geraten Körper und Bewusstsein auf diese Weise jedoch in einen Zustand erhöhter Immobilität, da das zum Zentrum aller Wahrnehmung avancierte telemetrische und audiovisuelle Bild qualitative Eigenschaften einer objektbezogenen Ort-Zeit-Relation einbüssen lässt. Der Gedanke der *Sehmaschine* und die damit verbundene *Ästhetik des Verschwindens* dienen in diesem Virtualisierungsprozess als Erklärungsmodell für die Möglichkeit des von Virilio postulierten epistemologischen Regresses. Gemäß dem Prinzip, gesehen wird, was sei, behält das Primat des Sehens seine Vormacht, kann jedoch aufgrund lichtschnell transferierter, digitaler Daten als neue Erfahrungsparameter auf völlig neue Art getäuscht und von der vermeintlich physischen Realität alterierende Eindrücke bekommen. Auf diese Weise lassen sich ebenso mögliche psychologische Phänomene erklären, die mit der Verbreitung von UAV-Technologie aufgetreten sind. Studien über posttraumatische Belastungsstörungen scheinen auf den Umstand hinzuweisen, daß militärische Drohnenpiloten einer ähnlichen Stresssituation ausgesetzt sein können, wie Soldaten, welche diese mit Leib und Leben tatsächlich erfahren.[115] Vielleicht scheint daher - im Gegensatz zu einer erkenntnis- und sinnbezogenen Rückbildung - die Idee eines epistemologischen *Transfers* passender. In Hinblick auf diese Folgerung lohnt sich sicherlich eine tiefergehende Beobachtung. In jedem Fall bildet der von Virilio beobachtete Zusammenbruch des Raumes durch ICT-Transmission die Grundlage für die zivile und militärische Nutzung jener unbemannten Flugobjekte. Somit scheinen die damit verbundenen, oben aufgeführten kulturkritischen Implikationen in Bezug auf eine generelle Zukunftsbetrachtung bei aller potentieller Falsibilität zumindest nicht abwegig.

III.iii Ausblick: Weiterführende Gedanken und Lücken

In Hinblick auf die Ergebnisse der Arbeit können UAV zudem als Hybrid zwischen Informationstechnologie und automobiler Transporttechnologie gesehen werden. In ihnen ist ein symbiotisches Verhältnis erkennbar Ohne eine der beiden Komponenten würden sie schlichtweg nicht existieren. Der Flug des Geräts, basierend auf raumzeitlich relationalen Koordinaten, stellt nach wie vor eine Überwindung des Raumes dar. Sie stehen daher für eine Technologiegesellschaft im Umbruch, welche - trotz aller ICT-Revolutionen des vergangenen Jahrhunderts - weiterhin auf fundamentale Weise auf analoge Informationsübertragung angewiesen ist. Betrachtet man die Entwicklungsgeschichte von Lebewesen, sind Arten zu finden, welche im paläontologischen Sinn als *connecting links* oder faunaspezifisch *Brückentiere* erkannt werden. In Anlehnung an deren Mosaikcharakter - das Vorkommen von Merkmalen sowohl stammesgeschichtlich älterer als auch jüngerer biologischer Gruppen - könnte man UAV möglicherweise als *Brückenmedien* bezeichnen, die einen Übergangsmoment zwischen analoger und digitaler Informationsbewegung darstellen. Allerdings stellt sich die Frage, was der medienepistemologische Unterschied bedeutet zwischen einem Medium, welches zwei Transmissionsformen in seinem Wesen vereint und jenem, das durch einer Verquickung - eine Vermischung spezifischer Elemente - aus beiden besagten Formen eine tatsächliche *synthetische*, somit dritte Übertragungsform für die Zukunft erahnen lässt. Gemäß der universellen Mediendefinitionen McLuhans und Virilios ist jedoch eine Vielzahl von Medien zu gewissen Faktoren als *Brückenmedien* interpretierbar, da diese stets innerhalb eines Mediensystems alter und neuer Formen existieren, wie etwa das

---

[115] Vgl. Elisabeth Bumiller: Air Force Drone Operators Report High Levels of Stress, in: *The New York Times* vom 19.12.2011.

prozessierte Bit im Wechsel tatsächlich physischer Zustände seines Lagerungsmediums.[116] Somit sind Erkenntnis und damit verbundene Realitätskonzepte trotz oben beschriebener radikaler Umwälzungen noch immer signifikant an relational-raumzeitliche Dimensionen gekoppelt. Ein mögliches dromologisches Szenario wäre das zukünftige Aufgeben physisch-relationaler Ordnungen zugunsten einer Art *absoluten Digitalität* - der völligen Obsoleszenz des Raumes durch jene der Medien, die ihn heute ausfüllen. Den Weg dorthin kennzeichnet bereits das exponentielle Schrumpfen von Raum- und Produktionsaufwand - *Moore's Law*[117] genannt - sowie die (in **II.iii** beschriebene) Annäherung an den menschlichen Körper als Speicher- und Transmissionsmedium. Zusammen zeigen diese beiden Entwicklungen u.a. auf das Gebiet der *Nanotechnologien,* das Virilio in seinem Stufenmodell der Medienrevolutionen erwähnt und in Hinblick auf Drohnenforschung (sowohl bezüglich der fortwährenden Verkleinerung der Fluggeräte als auch möglicher implantierter Steuerung dessen) vertieft werden kann. Da der von Moore postulierte Prozess jedoch bislang im bestehenden Kontext klassisch-physikalischer Grenzen verstanden wird, ist vermutlich auf der Ebene der Quantenmechanik - in Form *von quantum computing* - ein Ausblick möglich, deren non-deterministische und scheinbar paradoxe (i.e. *Quantenverschränkung*) Phänomene die vorhandenen medienepistemologischen Konstanten radikal verändern werden. Dieses Beispiel zeigt auf, wie umfassend dromologische Implikationen auch jenseits des Sujets sein können.

Aufgrund des begrenzten Arbeitsrahmens sind verschiedene Themen und Begriffe verwendet worden, ohne diese zuvor hinreichend definitorisch beleuchtet zu haben. Wenn von *Beschleunigung, Zeit* und *Gesellschaft* die Rede ist, muss dies vor dem Hintergrund behandelt werden, dass verschiedene Kulturen, somit bspw. verschiedene Zeitbegriffe existieren. Zwar können die Partizipanten einer instantan-virtuellen Medienwelt überall und jederzeit wirken. Die hypothetischen Bewohner einer von Funk-, Fernsehen und Internet abgeschnittenen Dorfes werden dazu jedoch nicht in der Lage sein, was die Ausprägungen ihrer lokalen Kultur bezeugen werden. Da Geschwindigkeit in der zudem als vektorielle, d.h. relativistische Größe gehandelt wird bzw. es seit der allgemeinen

---

[116] N.B.: Wenn man gar soweit gehen will, einen *Gedanken* als Medium zu bezeichnen (Für- und Widerspruch scheinen plausibel), so ist dieser Produkt einer analogen Entität bei gewissermassen eigenem *meta-analogen* Zustand.

[117] Vgl. Gorden E. Moore: Cramming more components onto integrated circuits, in: *Electronics Magazine* 38(8) vom 19.04.1965, nachzulesen auf url: http://download.intel.com/museum/Moores_Law/Articles-Press_releases/Gordon_Moore_1965_Article.pdf.

Relativitätstheorie Albert Einsteins für jeden Zustand (hier: jede Geschwindigkeit) eine entsprechende Zeit gibt, kann auf erkenntnistheoretischer Ebene zwar angenommen werden, daß eine akzelerationsbedingte Veränderung der Wahrnehmung von Zeit und Raum gibt. Jedoch ist diese Arbeit nicht der Ort einer tiefer gehenden Betrachtungen dieses Themas. Daraus erklärt sich der zuweilen kolloquiale Ton bei Benutzung oben genannter Begriffe.

Grundfesten und gegenwärtige Auswirkungen von Paul Virilios Beobachtungen sind in einer Vielzahl von Feldern überprüfbar. Es lohnen Blicke in andere Bereiche sowie ein vertiefender in jenen dieser Arbeit. So sollte etwa für vertiefte Grundlagenforschung das Spätwerk Marshall McLuhans herangezogen werden: seine Arbeit hört auf, wo Virilios beginnt. Im Kontext des Arbeitsthemas ist zudem empfehlenswert die Anwendbarkeit und technische Varietät von ICT-gesteuerten Vehikeln profund zu studieren. In dieser Arbeit wurde auf eine detaillierte technische Beschreibung von UAV verzichtet, um den medienepistemologischen Fokus beizubehalten. Diesbezüglich sei auch auf kybernetische Grundlagen hingewiesen. Das Erforschen von technischen, körperlichen und gesellschaftlichen Steuerungssystemen scheint im Arbeitsfeld von Medien und Rezeption wünschenswert. Als mögliche Folge technologischer Entwicklungen - allen voran jene der von Virilio prophezeiten Revolution der Transplantationsmedien - sind zudem die Arbeitsgebiete des neueren Trans- bzw. Posthumanismus sowie Theorien über die technische Singularität (künstliche Intelligenz) zu nennen, welche Ausblicke und Kongruenzen hinsichtlich eines dromologisch geprägten Zukunftsbildes bieten können.

Im Allgemeinen sollte nicht unerwähnt bleiben, daß die epistemologische Signifikanz dromologischer Schlussfolgerungen Virilios durchaus als übertrieben wahrgenommen werden könnten. Dies beruht auf der Annahme, der Paradigmenwechsel lichtgeschwinder Medien geschehe im gleichen Bereich wie jene „veralteten", relativen Beschleunigungsmedien und sei in seiner Konsequenz deshalb nicht so radikal wie von Virilio postuliert.[118] Obgleich Virilio ein kritisches Gegengewicht zu den euphorischen Befürwortern von allumfassenden Informationstechnologien bildet, kann sich Kritik an Virilio in Form eines Verweis auf eine technologiezentrierte Sichtweise gestalten, die übertrieben isoliert von anderen kulturellen Faktoren behandelt wird. Überhaupt stellt der Versuch, die Zukunft anhand gegenwärtiger technologischer Entwicklungen

---

[118] Vgl. Thommesen: Virilio: From Space to Time, From Reality to Image, S.153f.

medientheoretisch vorauszusagen ein Risiko dar, dessen Fallibilität in einer verstärkten konstruktivistischen, daher exklusivistischen Neigung zum Vorschein kommt. Diese äussert sich vorrangig darin, sämtlichen traditionellen Debatten einen neuen Mediendiskurs beizumengen und somit die Medientheorie als kulturelle Theorie schlechthin zu lesen. Virilios oft zirkuläre und mosaikartige Prosa hilft da sicher nicht, einer notwendigen Debatte über ein unnötiges Primat in der Kulturwissenschaft Raum und Transparenz zu verschaffen.

IV. Literaturverzeichnis

Monografien

- **Elias**, Norbert: *Über die Zeit*, Suhrkamp 2004, S.85.
- **Finn**, Anthony & **Scheding**, Steve: Developments and Challenges for Autonomous Unmanned Vehicles: A Compendium, Springer 2010, S.7.
- **Kloock**, Daniela & **Spar**, Angela: *Ästhetik der Geschwindigkeit - Paul Virilio*, in: *Medientheorien. Eine Einführung*, 4. Auflage, Paderborn 2012, S.133ff.
- **Habermas**, Jürgen: *Der philosophische Diskurs der Moderne - Zwölf Vorlesungen*, Suhrkamp, Frankfurt/Main. 1988, S.137ff.
- **Kant**, Immanuel: *Kritik der reinen Vernunft*, GRIN-Verlag 2009, 2.Auflage, S.93.
- **Kenny**, Anthony: *Thomas von Aquin*, Freiburg i. Br., Herder 2004, S.63.
- **Koselleck**, Reinhardt: *Zeitschichten - Studien zur Historik*, Suhrkamp 2000, S.162.
- **Lanham**, Richard A.: *The Economics of Attention: Style and Substance in the Age of Information*, University of Chicago Press 2006, S.6f.
- **Lyotard**, Jean-François: *The Postmodern Condition*, Minnesota 1984, xxiv-xxv, S.9ff.
- **McLuhan**, Marshall: *Die Magischen Kanäle*, ECON-Verlag, Düsseldorf 1992, S.17.
- **McLuhan**, Marshall: *Understanding media: The extensions of man*, McGraw-Hill, New York 1964, s.305.
- **Millar**, Jeremy & **Schwarz**, Michiel: *Speed-Visions of an accelerated age*, The Photographer's Gallery, London 1998, S.17.
- **Purser**, Ronald E.: *The Coming Crisis in Real-Time Environments: A Dromological Analysis*, Paper zur Academy of Management conference, Abteilung Organisation Management & Theory, Toronto August 2000, Best Paper Proceedings, S.5f.
- **Redhead**, Steve: *Paul Virilio: theorist for an accelerated culture*, Edinburgh University Press 2004, S.46.
- **Virilio**, Paul: *Bunker...Archäologie*, München, Wien 1992.
- **Virilio**, Paul: *Der negative Horizont*, Hanser Verlag, München 1989, S.144.
- **Virilio**, Paul: *Der Reine Krieg*, Berlin 1984, S.37.
- **Virilio**, Paul: *Dialektische Lektionen - Vier Gespräche mit Marianne Brausch*, Hatje Cantz Verlag, Ostfildern 1996, S. 57.
- **Virilio**, Paul: *Die Eroberung des Körpers - Vom Übermenschen zum überreizten Menschen*, München 1994, S.124.
- **Virilio**; Paul: *Die Sehmaschine*, Berlin 1989.
- **Virilio**, Paul: *Krieg und Fernsehen*, 1993 München, S.52.
- **Virilio**, Paul: *Open Sky*, Verso, London 1997, S.28.
- **Virilio**, Paul: *Revolutionen der Geschwindigkeit*, Merve-Verlag, Berlin 1993, S.7.
- **Virilio**, Paul: *The Information Bomb*, übersetzt von Chris Turner, Verso, London 2006, S.62.
- **Virilio**, Paul: *The University of Disaster*, Polity Press 2010, S.119ff.
- **Virilio**, Paul & Lotringer, Sylvère: *Der reine Krieg*, Merve-Verlag, Berlin 1984, S.45.
- **Woodley**, Bill: *The Impact of Transformative Technologies on Governance: Some Lessons from History*, Institute on Governance, Ottawa 2002, S.2.
- **Zeller**, Eduard: *Verträge und Abhandlungen*, zweite Sammlung, Leipzig 1877, S.483.

Sammelband

- **Bukow**, Gerhard Chr. et al.: Mediale Transformationen unseres Verhältnisses zu Raum und Zeit, in: *Medienbildung und Gesellschaft*, Vol. 23, Springer 2012, S.7.
- **Der Derian**, James: Einleitung, in: J. Der Derian [Hg.] *The Virilio Reader*, Blackwell, Maiden, MA 1998, S.12.
- **Hanke**, Bob: McLuhan, Virilio and Speed, in: Grosswiler; Paul [Hrsg.]: *Transforming McLuhan: Critical, Cultural and Postmodern Perspectives*, Peter Lang, New York 2010, S.204.
- **McQuire**, Scott: Virilio's Media as Philosophy, in: Armitage, John [Hrsg.] *Virilio Now. Current Perspectives in Virilio Studies*, Polity Press, Cambridge 2011, S.93f.
- **Schmidt**, Siegfried J.: Blickwechsel - Umrisse einer Medienepistemologie, in: Rusch, Gebhard & Schmidt. S.J.: *Konstruktivismus in der Medien- und Kommunikationswissenschaft*, Frankfurt/Main, Suhrkamp, S.119.
- **Seidl**, Horst & **Aristoteles**: Metaphysik, Buch VI, Hamburg 1991, S.259.
- **Tholen**, Georg Christoph: Geschwindigkeit als Dispositiv. Zum Horizont der Dromologie im Werk Paul Virilios, in: Jurt, Joseph [Hg.]: „*Von Michel Serres bis Julia Kristeva*", Rombach Verlag [Reihe Litterae, Bd. 69], Freiburg 1999, S.135.
- **Toye**, William et al. [Hg.], Marshall McLuhan: Letters of Marshall McLuhan, Oxford University Press 1987, S.254.
- **Trettin**, Käthe: Einleitung, in: Trettin, Käthe [Hg.]: *Substanz - Neue Überlegungen zu einer klassischen Kategorie des Seienden*, Frankfurt am Main 2005, S.1.
- **Virilio**, Paul: Der Augenblick der beschleunigten Zeit", in: Kamper, Dietmar & Wulf, Christoph [Hg.]: *Die sterbende Zeit*, Darmstadt/Neuwied 1987, S.256.
- **Virilio**, Paul: Technik und Fragmentierung - P. Virilio im Gespräch mit Sylvère Lotringer, in: Barck, Karlheinz et al. [Hg.]: *Aisthesis - Wahrnehmung heute oder Perspektiven einer anderen Ästhetik*, Leipzig 1990, S.72.
- **Volmar**, Axel: Zeitkritische Medien im Kontext von Wahrnehmung, Kommunikation und Ästhetik, in: Volmar, Axel [Hg.]: *Zeitkritische Medien*, Kulturverlag Kadmos, Berlin 2009, S.11.
- **Wenzlhuemer**, Roland: „Less Than No Time" - Zum Verhältnis von Telegrafie und Zeit, in: *Geschichte und Gesellschaft* 37 (4), Vandenhoeck & Ruprecht 2011, S.606.

Artikel

- **Bumiller**, Elizabeth: Air Force Drone Operators Report High Levels of Stress, in: *The New York Times* vom 19.12.2011
- **Dumoucel**, Caroline: Paul Virilio im Interview, in: *VICE* 17(9), New York 2010, S.57ff.
- **Grossman**, Lev: Drone Home, in: *TIME Magazine* 181(5), New York 2013, S.20ff.
- **Horn**, Eva: Die Zukunft der Dinge - Imaginationen von Unfall und Sicherheit, in: *BEHEMOTH - A Journal on Civilisation* 4(2), de Gruyter 2011, S.28ff.
- **McLuhan**, Marshall: Living at the Speed of Light, in: *MacLeans Magazine*, Toronto 1980, S. 32f.
- **Moore**, Gordon E.: Cramming more components onto integrated circuits, in: *Electronics Magazine* 38(8) vom 19.04.1965, nachzulesen auf url: http://download.intel.com/museum/Moores_Law/Articles-Press_releases/Gordon_Moore_1965_Article.pdf.
- **Nonami**, Kenzo: Prospect and recent research and development for civil use autonomous unmanned aircraft as UAV and MAV, in: *Journal of System Design and Dynamics* 1(2), The Japan Society of Mechanical Engineers 2007, S.127.
- **Paumgarten**, Nick: Here's Looking At You, in: *The New Yorker* #19/12 (14.05.12), Condé Nast, New York 2012, S.46ff.
- **Paust**, Jordan J.: Self-Defense Targetings of Non-State Actors and Permissibility of U.S. Use of Drones in Pakistan, in: *Journal of Transnational Law & Policy* 19(2), Florida State University 2010, S.237.
- **Virilio**, Paul: Cinéma francais, Gespräch mit Paul Vecchiali und Bion Steinborn, in: *FilmFaust, Internationale Filmzeitschrift*, 60/61, Frankfurt 1987, S.10f.

- **Virilio**, Paul: Geschwindigkeit - Unfall - Krieg, in: *TAZ*, 03.05.1986, S.12.
- **Virilio**, Paul: Vom Sehen, Wahrnehmen, Tasten, Fühlen, Erkennen, Was Wirklich Ist - Im Zeitalter des Audiovisuellen, in: *FilmFaust, Internationale Filmzeitschrift*, 89/90, Frankfurt 1994, S.22ff.

Enzyklopädie

- **Brockhaus** Philosophie. Lemma: *„Postmoderne"*, 2. Auflage, Mannheim 2009, S.334.

Internet

(url= uniform resource locator, Webdomain)

- **Armitage**, John: Beyond Postmodernism? Paul Virilio's Hypermodern Cultural Theory, in: *ctheory*, url: http://www.ctheory.net/articles.aspx?id=133
- **Armitage**, John: The Kosovo War Took Place in Orbital Space - Paul Virilio in Conversation with John Armitage, in: *ctheory*, url: http://www.ctheory.net/articles.aspx?id=132, Transl.: Patrice Riemens, abgerufen: 05.03.13, 16:24.
- **Cox**, Timothy H. et al.: Civil UAV Capability Assessment -Draft Version- NASA Report, Dezember 2004, url: http://www.nasa.gov/centers/dryden/pdf/111761main_UAV_Capabilities_Assessment.pdf, abgerufen: 10.03.2013, 14:15.
- **Hird**, Christopher [Hg.]: Covert War On Terror - The Datasets, in: *The Bureau of Investigative Journalism,* url.: http://www.thebureauinvestigates.com/category/projects/drone-data/, abgerufen am 22.03.2013, 21.46.
- **Paul**, Gerhard: Visual History - Forschungsfelder, Begriffe, Leistungen, Desiderata, in: *docupedia*, url: http://docupedia.de/zg/Visual_History, abgerufen am 08.03.13, 16:23.
- **Redhead**, Steve: The Art of the Accident - Paul Virilio and Accelerated Modernity, url: http://www.uta.edu/huma/agger/fastcapitalism/2_1/redhead.html, abgerufen: 05.02.13, 16:50.
- **Thommesen**, Jacob: Virilio: From Space to Time, From Reality to Image, in: *ephemera - critical dialogues on organisation*, ISSN 1473-2868, Bd. 3(2), url: www.ephemeraweb.org, abgerufen: 14.03.13, 15:59, S.148.
- **Schneider**, David: Drone Aircraft: How the Drones Got Their Stingers - Unmanned aerial vehicles come of age, in: *IEEE Spectrum*, url: http://spectrum.ieee.org/robotics/military-robots/drone-aircraft-how-the-drones-got-their-stingers/0, abgerufen am 10.03.2013, 17:45.
- **Virilio**, Paul: Die Informationsbombe, im Gespräch mit Friedrich Kittler, Transkript einer ARTE-Ausstrahlung im November 1995, url: http://www.jcpohl.de/texte/virikitt.html, abgerufen am 24.01.13, 20:08.
- Google Search, Suchwort: *„debate drones"*, url: bit.ly/YvOYQE, abgerufen am 26.02.2013, 16:06.
- Google Search, Suchwort: *„drone war"*, url: bit.ly/13ApicB, abgerufen am 11.03.2013, 14:43.
- **Wilson**, Louise: Cyberwar, God and Television: Interview with Paul Virilio, in: *ctheory*, url: http://www.ctheory.net/articles.aspx?id=62, abgerufen: 07.03.13, 17:17.

Abbildungen

- Abb.1: **Purser**, Ronald E.: Contrast Between Chronological andn Chronoscopical Time Features, in: *The Coming Crisis in Real-Time Environments: A Dromological Analysis*, Paper zur Academy of Management conference, Abteilung Organisation Management & Theory, Toronto August 2000, Best Paper Proceedings, S.5f.

- Abb.2: **o.V**.: Conceptual Drawing: UAV Electronic Systems, in: *Vanderbilt University Aerospace Club* Webseite, url: http://www.vanderbilt.edu/USLI/media_electronics.shtml, abgerufen, 22.03.13, 12:55.